南陀楼綾繁

書庫をあるく

アーカイブの隠れた魅力

南陀楼綾繁

皓星社

はじめに

大学に入った直後に、高校の同級生と一緒に国立国会図書館に行った。

日本で一番大きい図書館ってどんなところだろうと興味津々、とにかく書棚の本を手に取ってみたいと思っていた。しかし、入館してすぐその期待は打ち砕かれる。手続きをして中に入ってみると、どこにも本棚はなく、中央に大きなカードケースが置いてあるだけだったからだ。

手持無沙汰にケースを開けて中のカードをめくってみたものの、それ以上どうすればいいか判らずに、友人と顔を見合せ、そのまま帰ってしまった。何でもいいから一冊選んで請求してみるという頭がそのときは働かなかったのだ。それが閉架式の図書館との出会いだ。

その後、図書館や文学館、資料館などに通うようになって、開架として表に出ている本はごく一部であり、貴重な本は奥にある閉架書庫に収まっていることが判ってくる。

取材などで書庫を見せてもらえる機会があると興奮した。案内する館の人もどこか誇らしげだ。書庫には、その館の歴史を伝える資料も所蔵されている。

開架の書棚はその図書館のいわばよそ行きの顔であり、本質はむしろ書庫にこそあるのではないか。そう思うようになった。

この連載では、普段は一般利用者が入ることができない閉架書庫に足を踏み入れ、そこで見つけた本や資料を紹介する。それとともに、書庫内を知り尽くす館員に、資料の管理や活用について話を聞く。

書庫という奥の院を拝見することで、私なりにその図書館や文学館の新たな表情を描ければと思う。

もくじ

初出
日本の古本屋メールマガジン「書庫拝見」
二〇二二年四月十一日号〜二〇二三年十一月十日号

・単行本化に当たり加筆修正を行いました。
・各館の蔵書数や組織などは、取材当時のものです。
・取材後に大きな変化がある場合は、末尾に追記しました。
・提供者を明記していない図版は著者の撮影によるものです。

地域の知を育てる

県立長野図書館
伊那市創造館
宮城県図書館
長岡市立中央図書館・文書資料室
釧路市中央図書館・釧路文学館

県立長野図書館

書庫の「中」と「外」をつなげる

二〇二一年十二月のはじめ、新幹線で長野駅に着くと、〈県立長野図書館〉の前館長・平賀研也さんが車で出迎えてくれた。

平賀さんは企業での仕事を経て、二〇〇一年に長野県伊那市に移住。二〇〇七年に公募で伊那市立伊那図書館の館長となった。その後、二〇一五年四月～二〇二〇年三月まで県立長野の館長を務めた。現在は各地の図書館に関するプロジェクトに関わりながら、「たきびや」という謎の活動をしている不思議な人だ。

平賀さんとは、その二か月ほど前に茅野市で行なわれた「まちライブラリー」（個人や団体が運営する私設図書館）関連のトークイベントでお会いした。その際、図々しくも「県立長野の書庫を見せてください」とお願いしたところ、「いつでもどうぞ」

閉架書庫棟

と云ってもらえた。

こんなに簡単に書庫拝見が実現したのは、私が平賀さんに信頼されたから……では残念ながらなく、平賀さんの館長時代から県立長野が「書庫を生きたものとして活用する」ことに取り組んできたからだ。あとで述べるように、思いもかけないしかたで、さまざまな人が同館の書庫に入っている。

今日の長野市はいい天気だ。五分ほど走ると、県立長野図書館に到着した。いかにも図書館らしい重厚な建物だ。若里公園に面しており、隣にはコンサートなどを開催するホクト文化ホール（県民文化会館）がある。

館内の事務室を訪れると、槌賀基範さんが出迎えてくれた。北海道室蘭市生まれで、信州大学で歴史学を学ぶ。二〇〇二年に長野県の司書として採用され、県立長野図書館に配属される。途中、県立高等学校の図書館勤務となった三年間以外はずっと同館で勤務してきた。現在は資料情報課資料係として、書庫内の資料を知り尽くすエキスパートだ。温厚な人柄で、なにを聞いても丁寧に答えてくれそう。口から先に生まれたような平賀さんとは対照的だ。この二人がいたら、鬼に金棒ではないか。

挨拶もそこそこに書庫に案内される。

同館は一九二九年（昭和四）に長野市長門町で開館。長野駅をはさんで反対側、善光寺近くの文教地区にあった。現在その場所には長野市立長野図書館がある。最初の館は三階建てだった。一九七九年に現在の場所に移転し、新図書館を建設。地上

書庫の内部

三階、地下一階建て。それに対して書庫は地上六階、地下一階である。

しかし、六階は開館以来、なににも使われていない「開かずの間」だったという。たしかに、書庫の入り口にある「書庫案内」には、五階までしか表示されていない。ところが、その上には紙が貼られて訂正されている。その新しい「書庫案内」を見ると六階までが使われているのだ。これはどういうことだろう？　疑問を抱きつつ、まずは地下に足を踏み入れた。

中に入ると、整然と並ぶ書棚が我々を迎える。資料を保存するため、照明は抑え目だ。

地下書庫に潜入

ここでまず見せてもらったのは、〈ＰＴＡ母親文庫〉をはじめとして団体貸出などで使用していた図書の棚だ。

ＰＴＡ母親文庫は一九五〇年に開設されたもので、県内の何か所かに「配本所」を設置し、そこを通じて学校のＰＴＡ会員向けに図書を貸し出した。当時、婦人層が本に接する機会は少なかったため、母親文庫の活動は大きな支持を集めたという。同じ本を複数冊購入して貸し出していたが、現在は一冊ずつ所蔵している。

このフロアには一般書が並ぶ棚もある。一九五〇〜八〇年代ごろの小説やエッセ

PTA 母親文庫の棚

イが中心のようだ。内田百閒、尾崎一雄、佐多稲子らの本もある。手近な一冊を抜いて裏見返しを見ると、貸出カードを入れるポケットが貼られており、そこには「本を大切に　返す期限に遅れぬように」と大きく、「読書とともに　観察思考の力を養わなければならない」と小さく書かれていた。

「新聞もありますよ」と誘われたところには、「信濃毎日新聞」の原紙綴りがあった。現存する新聞では県内で最も長く続いている。他にも県内発行の新聞は多い。また、地域面があることから朝日新聞、読売新聞などの原紙も保存されている。

さらに、十六ミリフィルムを入れたケースが並ぶ棚もある。県政ニュース、農業や漁業、議会、学校、松本城など、さまざまなテーマの映像だ。こういうフィルムを上映会で観たことがあるが、いろんな発見があって面白い。

館内には未整理の業務資料も多い。箱の一つを槌賀さんが開けると、そこには同館の歴史を語る資料が詰まっていた。手書きの冊子が中心で、経年により古びてはいるが、この世に一冊しかない貴重な資料ばかりだ。

開館から十年間の「図書館統計表」には、毎年の来館者などが記録されている。

手書きで記されている、戦前の「図書購入簿」。同館の前身は一九〇七年（明治四十）に設置された信濃図書館だが、一九二五年（大正十四）の購入簿を見ると、一冊目の『現代戯曲全集』に続いて、二冊目以降に宮武外骨が自分の出版社・半狂堂で刊行していた『震災画報』『面白半分』『変態知識』など十二冊が並ぶのが面白い。どういう

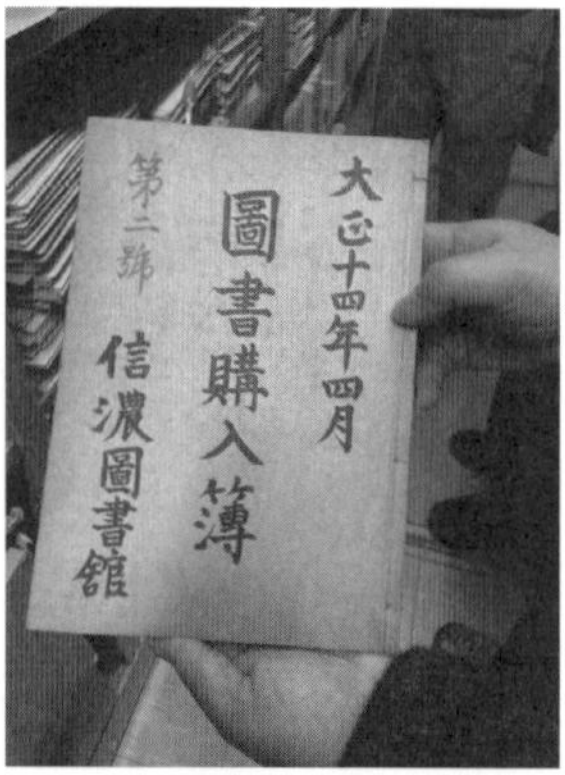

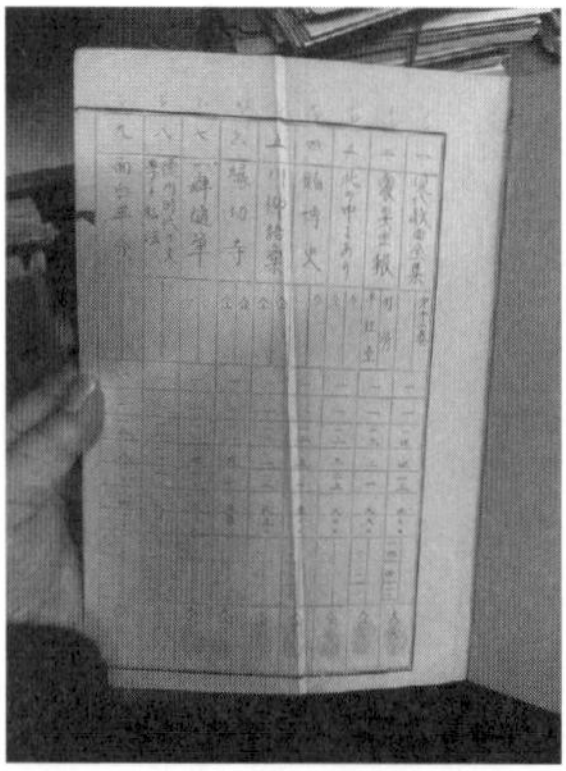

（右）信濃図書館の『図書購入簿』第2号（1925年4月）
（左）『図書購入簿』の1ページ目。「外骨」「半狂堂」の名前が見える

購入基準だったのか?

また、県立長野になった一九二九年(昭和四)の図書購入簿を見ると、「供給者」として〈西沢書店〉が見える。同店は現在も市内で営業しているとのこと。店主の西澤喜太郎についてはあとでも触れる。

一九四五年の「当直日誌」もある。八月十五日の項を見ると、「異状なし」と、終戦の日でも淡々と記されている。

これらの資料をめくっていると、たちまち時間が過ぎてしまうが、まだ書庫めぐりははじまったところなのだ。

クロっぽい本が次々に……

階段で一階に上がる。ここには児童書、信濃図書館時代の本、戦前の本などがあり、古本の世界で云うところの、いわゆる「クロっぽい本」が目に付く。

児童書の棚には、宮沢賢治の『風の又三郎』の年代も出版社も異なる版がずらりと並ぶ。

「『注文の多い料理店』は終戦後に文章が一部差し換えられているのが判ります」と、平賀さんは云う。

同館では二〇一七年から月一回「館内見学ツアー」を開催。毎回、テーマに沿って、館員が書庫を案内した。そこでも児童書は人気だそうだ。

このツアーの一環として、なんと「古本セドリツアー」まで開催。プロの古本屋さんをゲストに招いて、書庫にある珍しい本を探すというものだ。もちろん、それらの本が買えるわけではないのだが、「客の目」になって図書館の本棚を見渡すのは新鮮な体験だったと思う。

別の棚には、『出版物差押通知接受簿』が収まっていた。一九三三年（昭和八）五月から一九四四年（昭和十九）二月までの期間に差し押さえ対象となった図書、雑誌、新聞の内容、問題になった個所が詳細に記録されている。

それとともに、処分の対象となった図書や雑誌の現物も何点かあった。たとえば、『改造』一九三九年（昭和十四）八月号では、論文の一部が切り取られている。当時の検閲の実態を示す貴重な資料だ。なお、『出版物差押通知接受簿』は「信州デジタルコモンズ」で公開されている。

「以前、別の調査で書庫に入った際、この記録を見つけました」と槌賀さんは云う。平賀館長に提案し、二〇一五年八月に企画展「発禁１９２５－１９４４　戦時体制下の図書館と知る自由」が開催された。出版・表現の自由への関心を持つ見学者が全国から集まったという。

また、同年十二月には「ＧＩＦＴ　子どもの世界が変わった時―進駐軍とともにやってきた児童書と戦前・戦中・戦後―」展を開催。館員が書庫を整理中に、児童

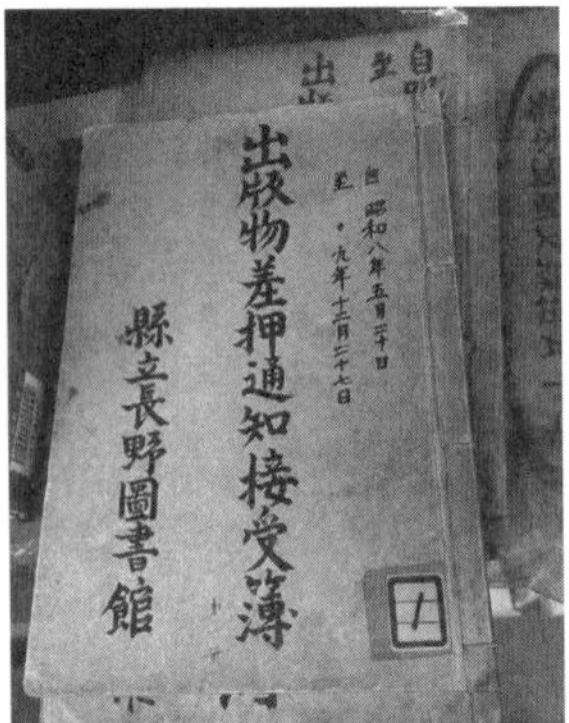

『出版物差押通知接受簿』。中には、差し押さえの年月、書名、接受日、取扱者名が記載されている

書に押された「ＧＩＦＴ」のスタンプを見つけたことから生まれた企画だ。ＧＨＱ（連合国軍最高司令官総司令部）のＣＩＥ（民間情報教育局）が全国二十三か所に設置した図書館であるＣＩＥ図書館と、そこから移行したアメリカ文化センターについての展示だった。

このとき展示されたなかに、ＣＩＥ図書館のＰＲ用に同館で配布した栞がある。その裏には「最寄りのＣＩＥ図書館に行く習慣をつけませう。どの図書館も皆さんと関係深い事柄―保健、政治、音楽、農業、機械、織物、科学、家庭等々―に関する書籍、雑誌、パンフレット等をたくさんとりそろへて、皆さんの御利用をお待ちしてゐます」とある。

具体性のある呼びかけは、アメリカらしいなと思う。戦前の日本の図書館では利用者へのこういったアプローチは、ほとんどなかったのではないか。

書庫の資料を企画展という形で書庫の「外」に出した根底には、「県立図書館は何のためにあるのか」という平賀館長の問題意識があった。

「それまでの図書館は本を所蔵することには熱心だったけど、その利用についての議論が足りなかった。書庫の資料をテーマごとに切り出して、「外」で見せることが必要だと思いました」と平賀さんは云う。

書庫の「中」と「外」にある壁を壊し、両方をつなげることで、これまでと違う図書館のかたちが見えてくるのではと考えたのだ。

「GIFT」展チラシ

二〇一五年に県立長野図書館の館長になった平賀研也さんは、「県立図書館は何のためにあるのか」と考えた。そして翌年、「信州発・これからの図書館フォーラム」をスタートさせ、シンポジウムや講座を行なった。

そのなかには都道府県立図書館の関係者を集めたシンポジウムや、県内の図書館、博物館、文書館などと連携して地域資源の共有化を図るための場づくりなどがあった。そこには当然、県立長野のスタッフも出席する。そこには、「外」からの刺激によって、「中」を変えていこうという平賀さんの目論見があったはずだ。

一方、資料係の槌賀さんも「所蔵されている資料を再編成したい」という思いがあった。これまで蓄積されてきた資料をどう利用していくべきか？　二人の問題意識が重なったところで実現したのが、書庫ツアーであり、書庫で見つかった資料を使った展示だったのだ。

複本の処分についても、ユニークな試みを行なった。一般書の書棚や「ＰＴＡ母親文庫」などで、同じタイトルを複数点所蔵していることから、一冊を残し、それ以外を除籍（廃棄）する必要が生じた。通常であれば、除籍本を配布するバザーを行なって処分する。しかし、同館では複本の処分じたいを展示にしてしまったのだ。

二〇一六年十一月に開催された「Re'80―バブルでトレンディだった新人類たちへ」は、一九八〇年代に出版された約五百冊の除籍本を出版年別に並べ、その年の出来事とともに展示するもの。しかも気に入った本はどれも持ち帰ることができるのだ。

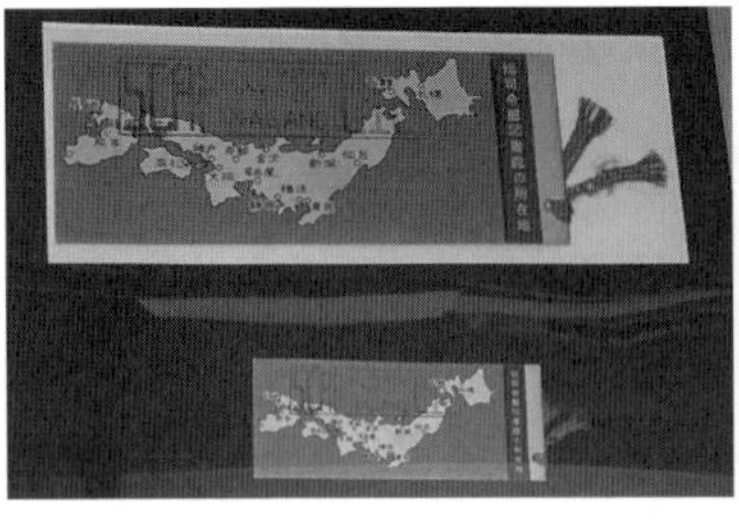

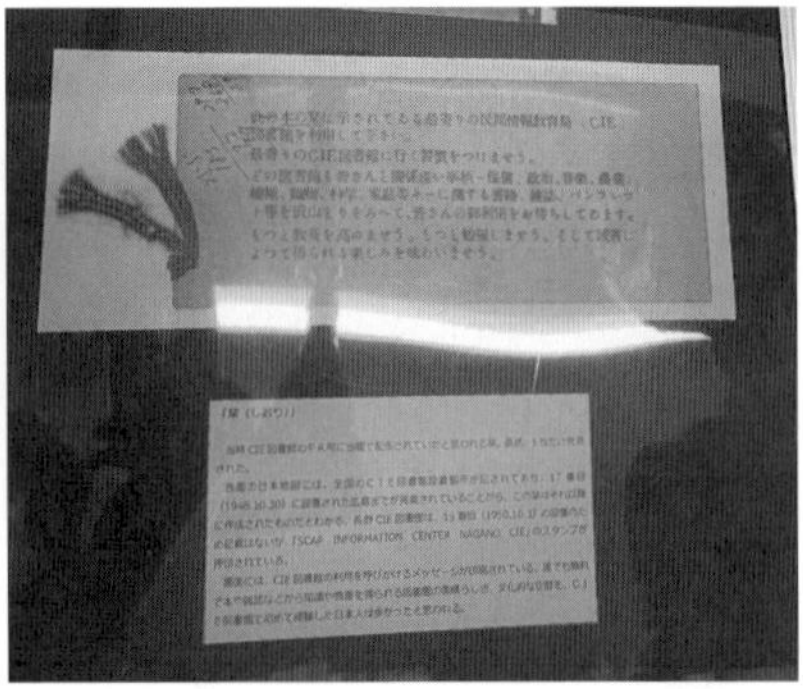

CIE 図書館の栞

同時に、同館が行なってきた「団体貸出」サービスから見る「信州の読書活動の歴史」を展示することで、書庫の役割を伝えることにもなった。

さらに翌年六月には「Re'90―失ワレタ十年(ロスジェネ)ノムコウ」を開催。今度は一九九〇年代に出版された本が対象だ。

後になってこの企画を聞いたときに、そんなやり方があったのか！　と新鮮な衝撃を受けた。図書館というシステムの中でも、知恵と工夫があれば、まだ面白いことができるのだ。

書庫から資料を切り出す

まだ書庫見学の途中だった。

次に二階へ。ここから四階までは分類ごとに資料が並べられている。じっくり眺めると発見がありそうだが、先を急ぐ。

ここで一度、書庫から出て、「表」の本館三階に案内される。二〇一九年四月、この階に生まれた「信州・学び創造ラボ」を軸に、県立長野図書館は大きく変わったのだ。

人と人がつながり、学び合う場として設けられたこのスペースには、「信州情報探索ゾーン」「Co-Learningゾーン」「モノコトベース」がある。

信州情報探索ゾーンは、本棚に囲まれた六角形の空間だ。そこに並んでいるのは、一見して古い本ばかりだ。

「前身である信濃図書館時代の蔵書や、戦時中に検閲された資料などを、書庫から取り出して並べています。これも書庫の資料の切り出しのひとつです」と平賀さんは云う。棚の本はどれも手に取ってみることができる。千里眼の研究に取り組んだ福来友吉の『透視と念写』（東京宝文館）なんて本もあった。

紙の本だけでなく、タッチパネルに触れると、郷土や本に関する情報を呼び出すこともできる。

正面の棚には、帽子を被った男の写真があり、その隣に和本を収めた箱が置かれている。そこに書かれた文字から、「保科百助」という名前が読み取れる。

保科百助（五無斎）は信濃図書館の設立に尽力した人物であり、「新田次郎の『聖職の碑』に出てきますよ」と平賀さんに教えられた。新田次郎も長野県の出身だ。

そして今回の取材が終わってから、平賀さんの案内で富士見の本屋〈mountain bookcase〉を訪れると、均一本のコーナーに『聖職の碑』（講談社）の単行本があったのだ。必然の出会いという感じで、その本を買って読んだ。

保科は長野師範を卒業後、教員となる。彼が唱えた「にぎりきん式教授法」は凄い名前だが、教員がどっしりと構えて児童の自発性を引き出すというものだ。のちに校長となるが、あっさり職を辞して在野の人になった。生涯独身で、奇人と呼ば

（右）信州情報探索ゾーン。書棚が六角形に配置されているのがお判りいただけるだろうか
（左）保科百助の肖像。右は保科宛に寄贈された漢籍を収めた箱

れた。

『聖職の碑』にはこうある。

「それからの彼は奇行の教育者と云われるような生活を死ぬまで続けた。信濃の山という山、谷という谷を隈無く歩き廻って採取した鉱物を学校用の標本として整理して売る仕事がしばらく続いたが、県内の学校に一応標本が行きわたればそれで売れ行きは止った。（略）もともとこれは、彼の趣味であって、生活そのものではなかった」

また、『県立長野図書館三十年史』（一九五九）によると、保科は早くから図書館の必要性を唱え、信濃教育会が図書館を設立することが決まると、大八車に自分の蔵書千八百冊を乗せて運び、すべて寄贈したという。そして一九〇七年（明治四十）に信濃図書館が開館した。

創立の功労者にもかかわらず、保科は図書館の準備委員ではなく、扱いの低い「創立係員」にされた。井出孫六（この人も長野出身だ）は保科の評伝『保科五無斎　石の狩人』（リブロポート）で、この理由を保科が要職になく、日ごろの発言から「あの男は何をしでかすかわからない」と不安視されたからではないかと推測している。

ちなみに、その後の県立長野図書館の創設の際には、長野市の書籍商・西澤喜太郎が一万三千冊を寄託している。『図書購入簿』にあった西沢書店の主だ。これまでは他の資料と混じって分類ごとに配架されていたが、信州情報探索ゾーンでは「西澤喜太郎氏寄贈図書」としてまとめて並べられている。これも書庫からの「切り出し」の成果だろう。

奇人が図書館に託したものは

ふたたび書庫へ。今度は五階である。

ここには郷土資料がまとめられている。この書庫の肝とも云える場所だ。

このフロアは左側、三分の一ほどが網で仕切られており、鍵を開けて入るようになっている。

「ここには以前、古文書が収められていたのですが、一九九四年に県立歴史館に移管しました」と槌賀さんが説明する。空いた場所には、小林一茶ら信濃の俳人の資料を集めた「関口文庫」「威徳院文庫」などの貴重資料コレクションがある。

一茶に関しては、代表作『おらが春』(一八五二〔嘉永五〕)も所蔵している。他にも俳句や和歌についての資料は多く、長野で詩歌の文化が盛んであることがうかがえる。また、県歌になっている「信濃の国」の作曲者である北村季晴の資料の中には、東京音楽学校の学友・滝廉太郎が記したノートもある。

長野県では戦前に読書運動が盛んで、青年団がその担い手となっていた。それは知識を高めるとともに、国家精神の鼓吹にもつながるものだった。一九四一年(昭和十六)には県立長野図書館が『全村皆読運動について』というパンフレットを発

(右)『全村皆読運動について』
(左)『MANUAL OF MINERALOGY AND PETROGRAPHY』(1887)の見返し

小林一茶『おらが春』

行しているが、その前文には「東亜新秩序の建設」のために文化の水準を高める必要があり、そのために読書推進が必要だと書かれている（国会図書館デジタルコレクションで公開されている）。

長野と云えば、一九九八年開催の長野オリンピックの資料もあった。アルバムや関連本はもとより、公式グッズや防寒着までが保管されている。これらを並べるだけでも、展示企画として成立しそうだ。

「こんなものもありますよ」と槌賀さんが取り出したのは、「売上帳　保科百助」と書かれた帙に収まった薄い冊子。保科が鉱物の標本を売った金額が記載されているようだ。

さらに『MANUAL OF MINERALOGY AND PETROGRAPHY』（一八八七）という洋書の見返しには、保科が同書を信濃教育会に寄贈した経緯が自身の文字で書き込まれている。同様の文が、現在は信濃教育博物館が所蔵している『TEXT BOOK OF GEOLOGY』（一八九三）にも書き込まれている。ここでは後者を紹介する。

それによれば、同書は「五無斎保科百助が明治三十六年中長野県地学標本を帝国大学に献納したる折同大学教授理学博士神保小虎先生よりお移りとして拝受」したものだった。その後、保科は図書館設立のために大半の蔵書を寄贈するが、本書は貴重なものであり、ある理学教師から五円で譲るよう請われていた。

保科は貧乏で「穀居酒屋よりは毎日々々の催足《ママ》なり。市税は滞納の廉により火鉢

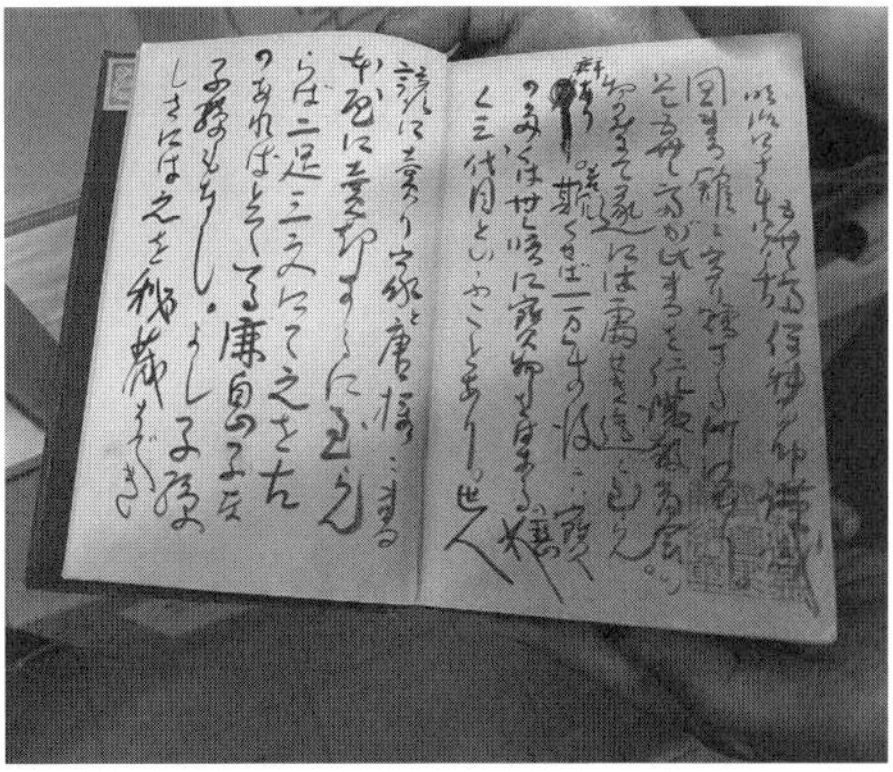

弐個目醒《めざま》し時計一個は差押の札の帖《ママ》付しあるなり」という状態だった。しかし、この本だけを売り飛ばすことはできないと寄贈を決めた。

「貧乏をして見ぬものには此味こそ分らざれ余り心地の善きものには非ず。後に此書を読まんもの其心して一掬の涙を濯《そそ》がれんには五無斎亦地下に瞑すべきなり」（引用は『五無斎保科百助評伝』佐久教育会）

一九〇七年（明治四十）にこう記した保科は、その四年後に四十三歳で亡くなる。その晩年は決して幸せなものではなかったようだ。

いまこの図書館が利用できるのは、保科のおかげでもあるのだ。そう考えると、この書庫のどこかに保科の魂が漂っているような気がする。

「開かずの間」を書庫に

平賀さんと槌賀さんはときどき、「あれはどこにあるのかな?」「あ、ここにあったか」などと話している。それもそのはずで、書庫がいまのかたちになったのはつい最近のことなのだ。

先に触れたように、図書館の三階を「信州・学び創造ラボ」にするのに合わせて、書庫の大整理が行なわれた。そのため、二〇一八年十一月から四か月間休館している。

「書庫の各階の構成を変えて、本を移動させました。書棚も分解して運びました。

保科百助の売上帳

肉体労働の日々でした」と槌賀さんは振り返る。

最大の変化は、これまで「開かずの間」だった六階を書庫にしたことだ。「それまで床も張られておらず、書庫五階の天井を支える骨組みとパネルがむき出しでした。しかし収容能力が限界に達したため、六階を書庫として使用できるように整備しました」と、槌賀さんは云う。

二〇二一年四月、書庫六階の工事が終了。そして九月に書庫の各階から抜き出した十万冊を、人力で六階に運び上げたのだ。

「それと同時に各階でも移動があったので、結局四十万冊動かした計算になります」と槌賀さん。

同館の蔵書は全体で約七十二万冊。そのうち約六十万冊が書庫に入っているので、半分以上を動かしたわけだ。想像を絶する大変さだ。いったい何人寝込んだことだろうと、腰痛持ちの私は同情する。しかし、槌賀さんによると「職員はめったにできない作業ということで燃えていましたし、私も筋トレ的に楽しんでいました」とのこと。頭が下がります。

時間と労力をつぎ込んだおかげで、これまでギチギチだった棚には余裕ができた。今後は購入簿などの記録と、棚の現物を照らし合わせていくつもりだという。

五年間にわたって同館の改革を進めてきた平賀さんは、任期を終えたいまも書庫にある資料が気になるという。

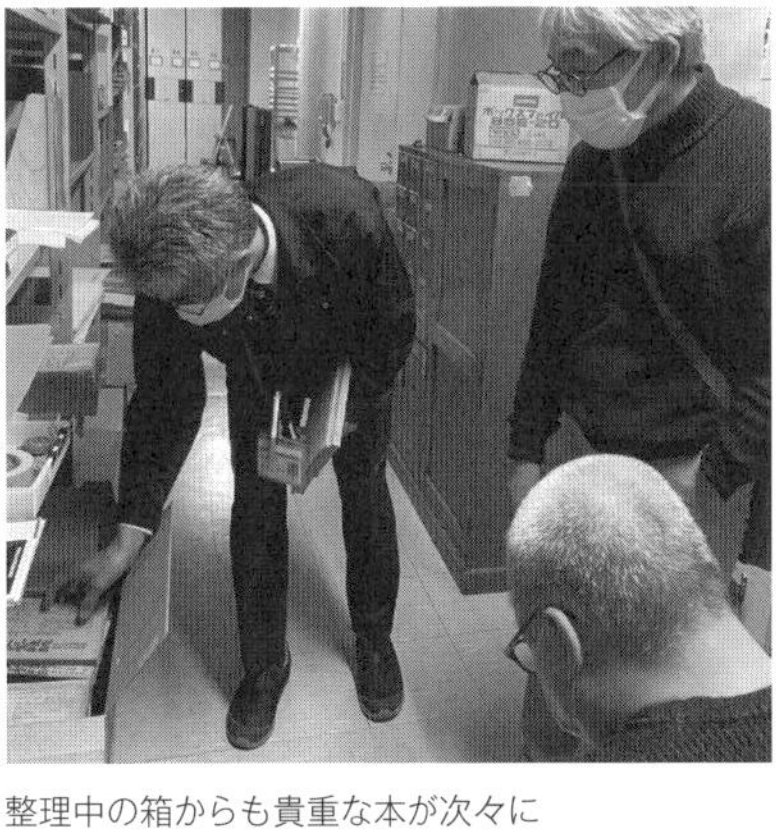
整理中の箱からも貴重な本が次々に

「戦時中の図書館の記録や戦後のＰＴＡ母親文庫の資料などを検証し、展示などで「表」に出してほしいですね」と期待を寄せる。

図書館の書庫はいちど形ができたらずっと変わらないという思い込みがあったが、同館の書庫は生きていて、いまも成長中だ。

「今後も書庫の中は変わっていくと思います。きっと完成形はないんでしょうね」と、槌賀さんは笑った。

県立長野図書館
〒380-0928
長野県長野市若里１丁目１－４

伊那市創造館

時代の風を受けながら

二〇二一年十二月五日、長野県伊那市の〈伊那市創造館〉を訪れる。ＪＲ飯田線の伊那市駅から歩いてすぐのところにあり、通り町商店街も近い。

じつはその二か月ほど前、茅野市でのトークイベントのあとで平賀研也さんに案内されて、いちどここを訪れている。平賀さんは県立長野図書館の館長になる前、二〇〇七年から八年間、伊那市立伊那図書館の館長だった。現在もこの地に住んでいる。

芝生が広がる敷地に入ると、モダンな建物が目に飛び込んでくる。一九三〇年（昭和五）に〈上伊那図書館〉として建設されたもので、二〇〇四年に閉館。二〇一〇年には体験型生涯学習施設である伊那市創造館（以下、創造館）としてリニューアルオープンしている。

その向かいに立つ武井覚太郎銅像を指して、「この館の恩人です」と平賀さんが云う。武井は辰野町出身で、父が興した器械製糸業を継ぎ、のちに片倉製糸と合併して経営に当たった。郷土の大実業家であり、政治家でもあった。

武井はこの図書館の建設費として十四万円（現在の貨幣価値で約七億円）を寄付している。覚太郎はこの館の設計者に、片倉館（諏訪市）や台湾総督府を手がけた森山松之助を指名。のちに県内の鉄筋コンクリート建築を多くつくった黒田好造が引き継ぎ、完成させた。外壁には地元産の高遠焼のタイルが使われている。

テーマは「昭和の図書館」

館内に入ると、館長の捧《ささげ》剛太さんが出迎えてくれる。東京生まれで、岡谷市にあるカメラメーカーに勤務後、創造館の初代館長公募に応じ、現在まで同職にある。捧さんの案内で二階に上がると、企画展などの展示室、伊那谷を放浪した俳人・井上井月《せいげつ》の展示室などがある。

お目当ての書庫は、この奥にある。ここには昭和期の書籍を中心に、約一万五千冊が所蔵されているのだ。

「ふだんは鍵をかけていますが、事務室で声をかけてもらえればどなたでも見学で

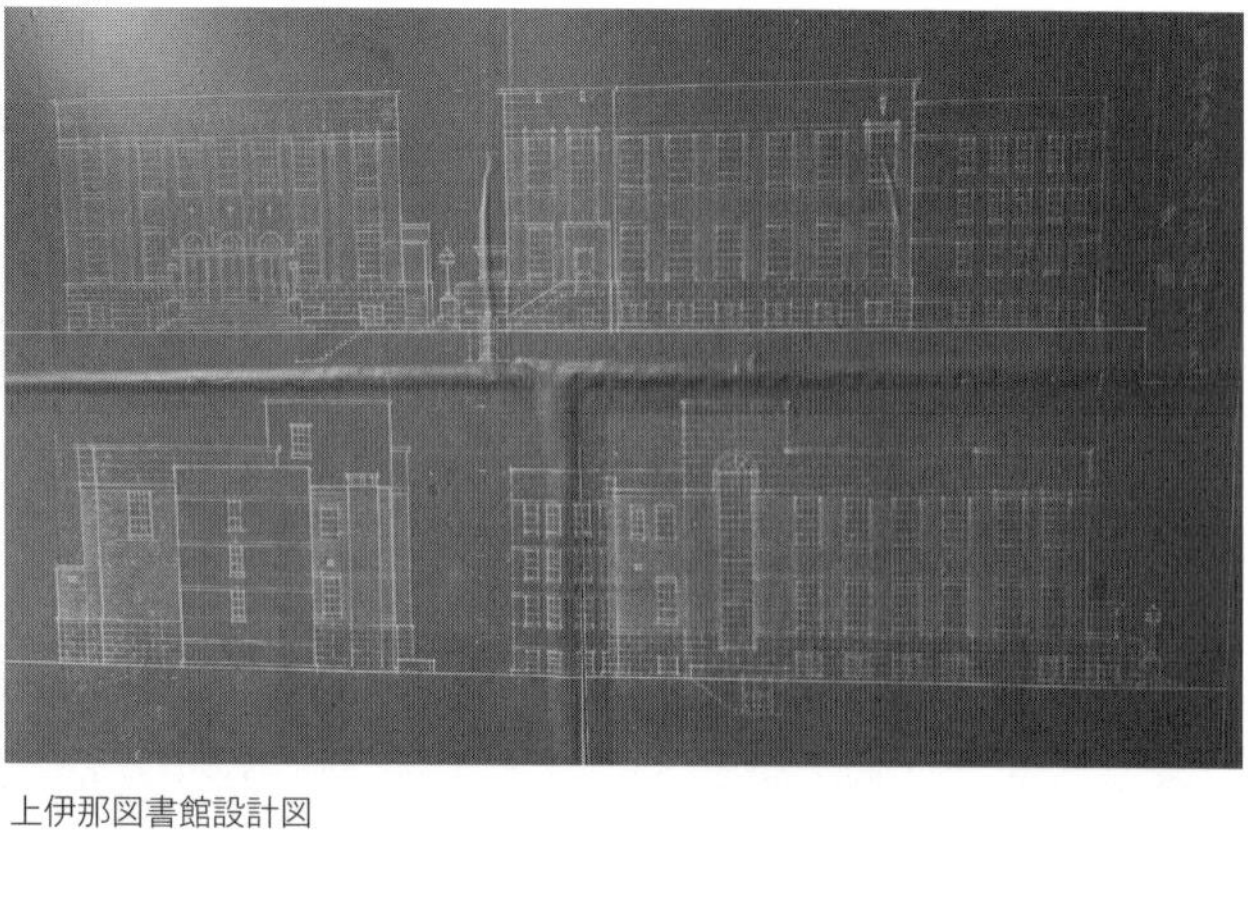

上伊那図書館設計図

きます」と、捧さんは云う。

中に入ると、木の床に木製の棚が並ぶ。手前には階段があり、上の階にも書庫がある。一見して、戦前の本が多い。

「この書庫は戦前の本の世界が目に見えるものにしたいと考えました。同じ伊那市立でも〈高遠町図書館〉は幕末から明治の本を多く所蔵する「江戸の図書館」、創造館は「昭和の図書館」という位置づけです」と平賀さんは云う。

書庫内の本はきちんと書架に並び、あとで触れるようなテーマについては解説パネルがつくられている。それらを読みながら書庫を一周すると、昭和の本の世界が体感できるようになっている。ここまで見学者に親切な書庫は珍しいだろう。

本の整理やパネル制作の中心となったのは、学芸員の濵《はま》慎一さん。富士見町出身で、創造館開館時から勤めている。

「上伊那図書館を閉館して、創造館にリニューアルする際、戦前の本は書庫の中で埃まみれになっていました。それを伊那図書館に運んで整理し、ＯＰＡＣ（オンライン蔵書目録）に登録して創造館に戻しました」と、濵さんは話す。

こういった経緯を経て、この書庫は「昭和の図書館」として生まれ変わったのだ。

書庫の内部

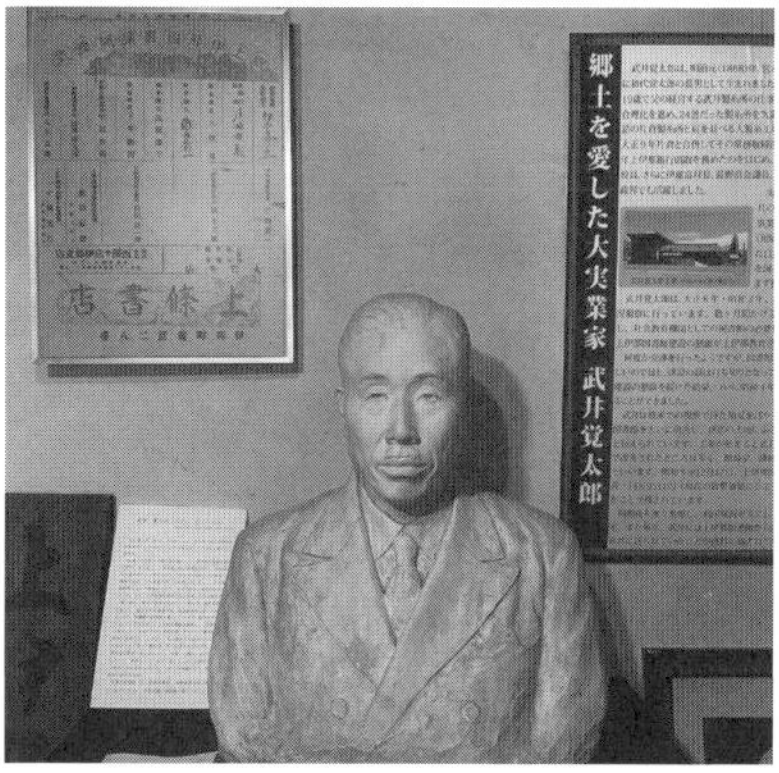

武井覚太郎の紹介展示

武井覚太郎と上伊那図書館

ここで重要なのは、二〇〇四年に閉館した上伊那図書館は、伊那市立ではなく、上伊那教育会が運営した図書館だという事実だ。つまり一九九四年七月、別の場所に伊那市立図書館が開館するまで、伊那には公立の図書館は存在しなかったのだ。

「長野県では明治期から地域の青年団活動が盛んだったこともあり、一九二九年(昭和四)の『御大禮記念 長野県勢大観』には、私立の図書館が百六十館と全国で最多だとあります」と、平賀さんが解説する。前に取材した県立長野図書館はこの年に開館。上伊那図書館の開館はその翌年だ。

当時、上伊那教育会の会長で初代館長となる原才三郎は、一九二一年(大正十)に『上伊那郡史』を完成させたとき、「この次は、図書館だなあ」と云ったという(『上伊那図書館閉館記念誌』上伊那図書館)。

図書館の敷地として、伊那実科高等女学校が火災で焼失した跡地を使えることになり、設立資金のために寄付を募った。創造館に残る寄附金台帳には、長野県出身の岩波茂雄、上伊那出身で古今書院創業者の橋本福松らの名前が見える。しかし、寄付を約束しながら実際には払わなかった人も多かったらしく、当初の目標の十分の一にも達しない状況だった。そこで、武井に相談したが、最初は取り合ってもらえなかった。

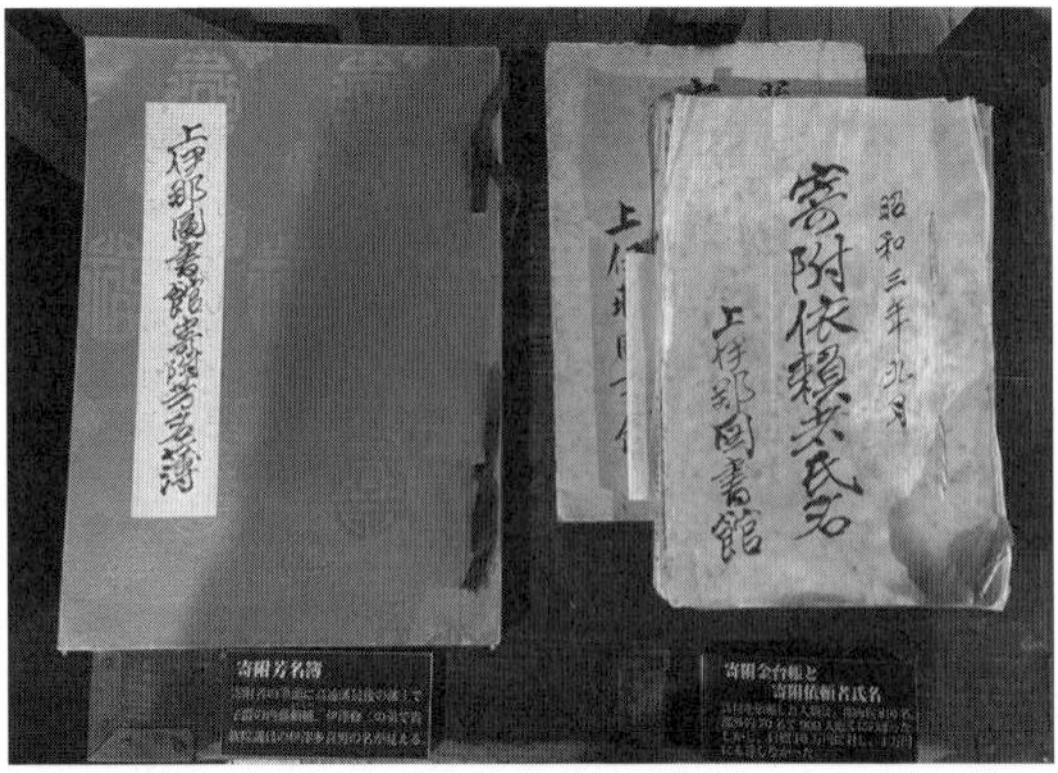

寄附芳名簿(左)と、寄附金台帳と寄附依頼者氏名(右)。これも現物を閲覧できる

当時を知る者は、武井は欧米を訪れた際、ニューヨークやパリの図書館を見学しており、「折角立派な建物を建てても、それが立ちぐされになってはいけない。また教育の立場に立って使われるかどうかということを心配されたのだと思います」と推測する(座談会「上伊那図書館を語る」、『創立五十周年記念誌』上伊那図書館)。再度の懇請によって寄付を引き受けてからは、工事の様子を毎日のように見に来ていたという。

武井は建築費とは別に図書購入費として一万円を寄付。購入した本には「武井文庫」という印が押されている。

落成した上伊那図書館は、四階建て。平面図を見ると、一階には館長室や印刷室、二階には一般閲覧室と児童閲覧室があり、三階が講堂、四階が参考室となっている。書庫は一階と二階に四層あったようだ。書庫にある書架や椅子は開館当時のものだ。「書庫を整理して余った書棚は、二〇一四年に伊那図書館で開催した「一棚古本市」で利用したんです」と、平賀さん。

開館時の蔵書数は、約一万千冊だった。開館時の蔵書には、『日露戦争実記』など日露戦争に関するものが多かったという。

同館には開館時からの日誌が残されており、濵さんらはそれを読み込んで、この館の歴史を紐解いてきた。その成果として、二〇一六年一月~五月に「伊那市創造館と秘密の書庫」という企画展が開催された。開館に関わった人物や、戦争と上伊

武井文庫

那図書館の関係、主要な蔵書を紹介するとともに、館全体を使ってのお宝探し企画も開催された。

戦争と図書館

「戦争との関係では、発禁本についての発見がありました。日誌には一九三三年（昭和八）からマルクス主義関係などの図書が没収された記述があります。発禁になった本は図書原簿からも削除されました」と、濵さんは云う。警察署からの発禁本通知書は、県立図書館への通達の翌日に届いているそうだ。一方、一九四四年（昭和十九）に購入した二百九十四冊のうち、五十冊が戦争関係の本だった。

また、都市部への空襲が激しくなると、東京の徳川黎明会が所蔵する〈蓬左文庫〉や、東京産業大学（現・一橋大学）の〈メンガー文庫〉〈ギールケ文庫〉の疎開を受け入れた。一九四五年（昭和二十）五月には一般閲覧室が海軍の衣料工場に使われ、閲覧が停止された。

戦争が終わると、今度は進駐軍への対策に追われる。九月一日の「蔵書整理ニ関スル件」という県からの通達には、敵愾心をあおる資料を隠匿せよとあった。十月には上伊那図書館が進駐軍のアメリカ軍七十名に接収されることになった。

「伊那市創造館と秘密の書庫」のチラシ。子どもたちにむけて、人気映画を思わせるタイトルとデザインに

（右）戦時中の教科書の展示
（左）黒塗りされたページが開かれている。

「それからの館内は正にテンヤワンヤである。書庫の中にある戦争に関する本は全部持ち出すし、講堂にある折畳みの椅子や閲覧室のテーブル椅子も全部伊那小学校へ運ぶ。疎開中の荷物は急遽荷造りして発送する、という具合にまねかざる客を迎えるに大童となった」（中村弥紋太「回想　進駐軍接収のころ」、『創立五十周年記念誌』）

アメリカ軍は三か月後に同館を去るが、滞在中に一人の米兵が本棚に「Ｊａｃｋ」というサインを残している。

書庫にはほかにも、戦時中の戦争協力を呼びかけるポスターや、終戦直後のいわゆる「墨塗り教科書」が展示されている。『日本地理風俗大系』全三十巻は、一九四四年八月に、日本の国勢が判ってしまうため「防諜上公開禁止」とされ、伊那署に供出させられたのが、戦後に戻されたという。

図書館のありかたが戦争や国家に左右されてきた歴史を、この書庫は示しているのだ。年表を見ると、一九四四年四月に名誉館長の武井覚太郎が、一九四五年十一月に初代館長の原才三郎が相次いで亡くなっているのも、なんだか感慨深い。

「この書庫の本はすべて手に取ってみることができます。それらに触れて、当時の生活や価値観を感じてほしいです」と、濵さんは話す。

お話を聞いたあと、書架の間をめぐって本を眺める。倫理学、仏教、歴史、教育……。従軍体験を書いた本が並ぶ一角もある。

初代の高遠町長を務めた中村家の蔵書は、四列に収まっている。同家の本棚の並

びそのままに、この書庫に移されたという。洋書のツアーガイドなど旅行関係が目につく。その中に、サトウハチロー『僕の東京地図』（有恒社）があったりする。『ロビンソン漂流記』『西遊記』『アラビアンナイト』など冨山房発行の児童書シリーズは、天金・イラスト入りの豪華本だ。「一巻につき三円八十銭（現在の物価で約二万円）もする高価な本を子どもにたくさん買い与えることができるほど、すごい家だったんですね」と、濵さんはつぶやいた。

鉱物標本、剝製、甲冑、絵本……まだまだ凄い収蔵庫棟へ

いやー、すごかった、書庫を十分堪能したと思ったが、じつはまだこれで終わりではなかった。同館には収蔵庫棟があり、ここがまた、とんでもない場所だったのだ。

先に触れたように、上伊那図書館は二〇〇四年に閉館する。伊那図書館とは約十年間並立していたが、上伊那図書館の利用者は減少していた。そんなとき、伊那市駅前再開発ビルに上伊那教育会が入ることになる代わりに、上伊那図書館は伊那市に寄託され、伊那市創造館として生まれ変わった。

上伊那図書館の隣には、一九六七年に〈上伊那郷土館〉という施設が開館し、明治以降に収集された郷土の文化財を収蔵・公開していた。しかし、同館の老朽化が進んだことから、上伊那図書館が伊那市に寄託されるのに際して、同館は取り壊さ

収蔵庫棟の内部

れ、跡地に現在の収蔵庫が建設されたのだ。

この収蔵庫は地上一階、地下一階で、作業室を除けばすべてが収蔵室になっている。この中を見せていただいたが、あまりに膨大にモノがありすぎて、とても把握しきれない。

『上伊那教育会所蔵文化財　目録と考察』(上伊那教育会)によれば、その内容は、人文(美術・考古・歴史・人物・民俗)、自然(植物・昆虫類・鳥類・哺乳類・地質・気象)に分かれている。

「人物」の中には、高遠出身で音楽教育に寄与した伊沢修二に関するコレクションがあって、伊沢がハーバード大学に留学中に聴講したグラハム・ベルの講義録なども所蔵されている。

また、上伊那図書館の恩人である武井覚太郎の孫が、ニューヨークで購入した仕掛け絵本のコレクションなどというものもある。

自然関係の収蔵室には「長野県内岩石鑛物標本」と蓋に書かれた箱があった。これは、県立長野図書館の項で触れた保科百助(五無斎)が収集し、県内の各学校に寄贈したものだ。上伊那教育会に招かれた保科は、郡下の教員とともに一週間かけて岩石を採集したという。こんなところで、この人に再会するとは思わなかった。

創造館の書庫が一般公開されているのに対し、こちらの収蔵庫には基本的に関係者以外は入ることができない。自然科学の地質の部屋は、事務室で声をかけてくれ

保科百助が寄贈した鉱物標本の箱とその中身

れば、展示物を見られるという。また、考古・民俗や自然科学の動植物の部屋も見学できるよう準備中だそうだ。ぜひ収蔵庫ツアーを企画してほしい。

公立図書館ができる前から、地域の教育関係者と篤志家によって設立され、時代の風を受けながら運営されてきた上伊那図書館。その資料をもとに、開かれた「昭和の図書館」として生まれ変わった伊那市創造館。書庫を見ることで、二つの館の継承のかたちを知ることができたと思う。

充実した取材だったが、心残りがひとつ。館の近くにある、レトロな看板が魅力的な〈餃子の店　山楽〉が、前回も今回も営業していなかったのだ。次に伊那を訪れるときにはぜひ入りたいものです（現在は閉店）。

伊那市創造館
〒 396-0025
長野県伊那市荒井 3520 番地

宮城県図書館

「本の虫」たちの系譜

〈宮城県図書館〉の四階の書庫には、奥に向かって電動の書棚が続いている。その長さは二百メートル以上あるという。こんなに長い書庫を見たのは初めてかもしれない。

そして、思った。ここにある本は、江戸時代以降の「本の虫」たちによって受け継がれてきたものなのだ、と。

二〇二三年六月二十三日、仙台市地下鉄の泉中央駅からバスに乗って、宮城県図書館にやって来た。交通アクセスがいいとは云えない場所なので、今回で二回目だ。

ガラス張りの建物の中に入る。京都駅を手がけた原広司が設計したもの。西側の入り口が、少し低くなっている。「地形広場ことばのうみ」と名付けられたこのスペー

スでは、谷川俊太郎の詩の朗読会も行なわれたという。

その隣にあるカフェで、早坂信子さんとお会いした。私は二〇一五年に〈せんだいメディアテーク〉で早坂さんとトークイベントをしている。穏やかな印象だが、本の話になると尽きることがない。二〇二一年に、自身の図書館での経歴を綴った『司書になった本の虫』（郵研社）を刊行した。

早坂さんは一九四六年、父が赴任していた北京で生まれ、仙台で育つ。

「父が本好きだったので、家の中は本だらけでした。私は小さい頃から、その本棚から手あたり次第読んでいました。ずっと本を読んで暮らしたいと思ってましたね（笑）」

一九四八年、仙台にＧＨＱのＣＩＥ（民間情報教育局）が設立した図書館が開館した。このＣＩＥ図書館については、県立長野図書館の項でも触れた。

「父に連れられて行きました。子どもの本や雑誌が輝いてみえたものです」。『司書になった本の虫』によると、ＣＩＥが企画した映画『格子なき図書館』のロケ地は、仙台と新潟だったという。ＣＩＥ図書館は一九五二年、仙台アメリカ文化センターとなるが、一九七一年に閉鎖された。

早稲田大学を経て、図書館短期大学に進学。宮城県図書館に実習に行ったところ、副館長から誘われて、卒業後に同館に勤務する。閲覧、コピーサービス、目録などの担当を経て、調査相談の担当となる。二〇〇六年に退職するまで三十七年間、こ

『司書になった本の虫』

の図書館で働いてきて、館内を知り尽くした早坂さんに、今日の取材に立ち会ってもらえることになったのは心強い。

空襲で失われた本

同館は横長になっていて、三階は見渡す限り、ずらりと書架が並んでいる。その眺めは壮観だ。西の端にあるのが、〈みやぎ資料室〉だ。開架で二万五千冊、書庫に五万六千冊を所蔵する。

担当の佐尾博基さんが出迎えてくれる。青森県生まれで仙台育ち。二〇〇二年から同館に務める。

「みやぎ資料室の担当になったのは、二〇一一年四月、東日本大震災の翌月でした。書棚の本が飛び出して床に積み重なりました。書庫の電動書棚も動かなくなりました。復旧作業中に余震が起こって、また本が落下することもありました」と、当時を振り返る。

郷土資料の大切さを知ったのも、3・11だった。津波で図書館が流されてしまったことで、失われた資料の貴重さに気づいた。また、県外から来た復興ボランティアの人が、土地の歴史を調べに来たことに「ありがたい」と感じたという。なお、同館には震災関係の資料を集める〈東日本大震災文庫〉がある。

みやぎ資料室

ここで、宮城県図書館の歴史を駆け足でたどる。

前身は一八八一年（明治十四）、宮城師範学校内に創設された〈宮城書籍《しょじゃく》館〉だった。

一九〇七年（明治四十）には〈宮城県立図書館〉と改称した。

一九一二年（大正元）には現在の勾当台《こうとうだい》公園に独立した図書館を建設。新潟県出身で、宮城県内で洋風建築を手がけた山添喜三郎らが設計した、「ドーム型屋根を持つ美しい木造洋風建築物」だった（『司書になった本の虫』）。のちに〈宮城県図書館〉と改称される。

一九四五年（昭和二十）七月九日深夜から十日未明にかけて、仙台の空襲で建物や書庫が全焼。蔵書の九十三パーセントを失う。この時、疎開によって約九千五百冊が残った。当時作成された疎開図書の目録が残っている。

被災五日目、当時の菊地勝之助館長の自宅に図書館の仮事務所を置き、図書の収集と館外貸し出しをはじめたという（『宮城県図書館百年史』）。

一九四九年、宮城県庁の西側に図書館が落成。一九六八年には榴ケ《つつじが》岡《おか》に新図書館が開館。そして、一九九八年、現在の地に移転したのだ。

特殊文庫の貴重書

では、佐尾さんと早坂さんに案内していただいて、書庫に入ろう。三階の郷土資

1945年4月に疎開した図書の目録

料の棚から見ていく。

まず気づくのは、棚によっては結束バンドがかけられて、本が飛び出さないようになっていることだ。東日本大震災の教訓だろう。

特殊文庫としては、〈伊達文庫〉、〈小西文庫〉、〈青柳文庫〉、〈養賢堂文庫〉、〈大槻文庫〉などがある。

伊達文庫は仙台藩主だった伊達家の旧蔵書。仙台藩関係の絵図、古版本、古写本などを含む。小西文庫は仙台の旧家・小西家の蔵書、養賢堂文庫は仙台藩校の旧蔵書だ。

青柳文庫については、早坂さんが長年研究されており、『公共図書館の祖　青柳文庫と青柳文蔵』（仙台・江戸学叢書）という著書もある。

「青柳文庫は江戸の富豪・青柳文蔵が献上した約一万冊の書籍と維持資金千両を仙台藩が受け入れ、一八三一年（天保二）に設立した、日本初の公共図書館です」と、早坂さんは説明する。

青柳文蔵は現在の一関市出身で、江戸で公事師（現在の弁護士）や娼家の口入屋（遊女周旋業者）で蓄えた富を、蔵書の収集に注いだ。『青柳館蔵泉譜』『青柳館蔵書目録』を自ら編纂している。

「収集した各種目録には、入手した本のタイトルに扇型の朱印を押すなど、文蔵が熱心にチェックしている様子がうかがえます。また、青柳文庫には同じ本が重複し

結束バンドがかけられた書棚

ていないのも特徴です」

青柳文庫は「書籍は土蔵の文庫に収蔵され、専ら「宅下げ拝借」とよばれた貸し出しサービスに供された。文蔵は、七坪の土蔵と、遊歴の者が望めば暫く逗留もできるように一〇畳と八畳二間の貸出業務用御役所の建物を建てること、また貸出期間は三〇日限りとするなど、細かい要望も出している」（『司書になった本の虫』）

青柳文庫は宮城書籍館、のちの宮城県図書館に引き継がれた。先に触れたように、県図書館は空襲に遭うが、青柳文庫は疎開の対象に選ばれたために、現在も残る。江戸時代のひとりの「本の虫」の夢が受け継がれているのだ。

大槻文庫は、国語辞典『言海』の編纂者である大槻文彦の旧蔵書。『言海』の自筆稿本や北海道に関する地誌『北海道風土記』の自筆稿本などを含む。

「大槻文彦の祖父・玄沢は、仙台領の船員津太夫らの漂流記『環海異聞』を著しています。大槻家に蔵する膨大な参考の資料を駆使して、文彦は『北海道風土記』をまとめました」と、早坂さんは説明する。同書はここ以外には内閣文庫にしか存在しない。

鈴木雨香と常盤雄五郎

特殊文庫以外の郷土資料は、「宮城県図書館郷土資料分類」によって配架されて

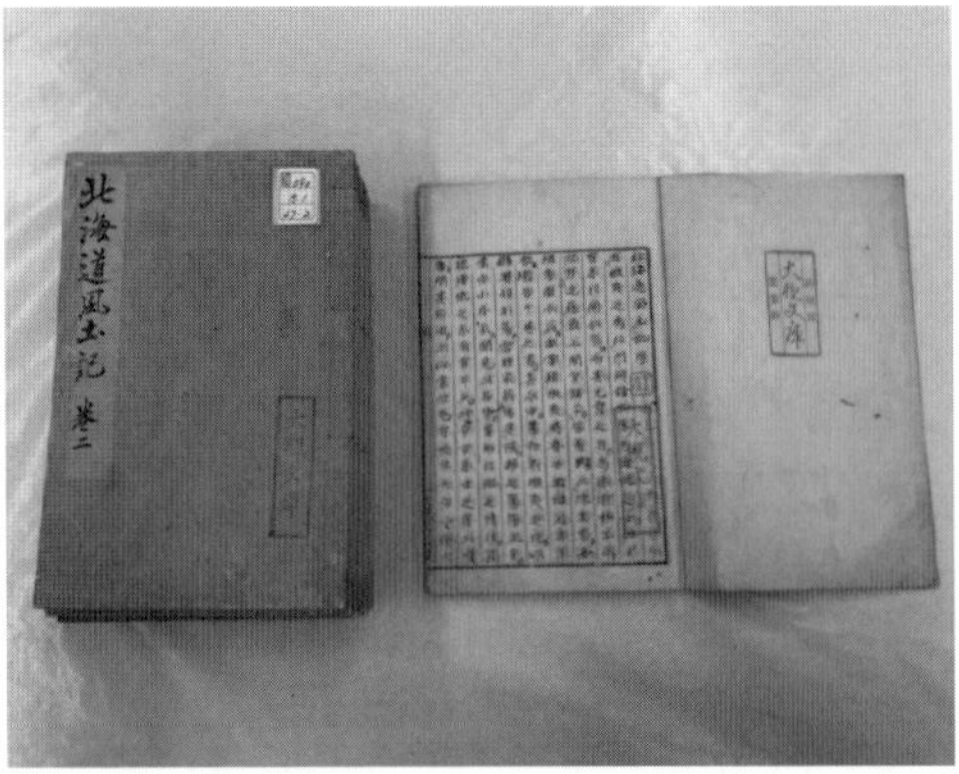

大槻文彦『北海道風土記』稿本

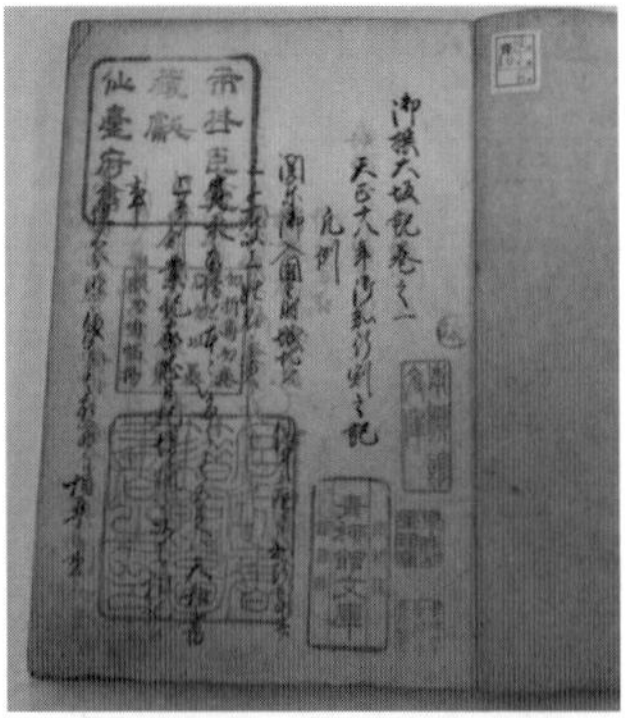

青柳文庫の蔵書印のある『御撰大坂記』巻の一

いる。ここにも貴重で珍しい本が見つかる。

仙台生まれの英語学者・斎藤秀三郎が編纂した『斎藤和英大辞典』（日英社、一九二八）は、その分厚さに驚く。詩人・尾形亀之助の研究雑誌『尾形亀之助』は、館員がつくったらしい函に収められている。一九一〇年（明治四十三）の『仙台新報』は、いまでいうタウン誌か。当時、普及していたのか、自転車についての話題が多いのが面白い。

棚を眺めているうちに目に留まったのが、「仙台叢書」だ。

仙台藩に関する古典籍を選び、翻刻刊行するシリーズで、一九二二年（大正十一）から一九二九年（昭和四）にかけて二十二巻が刊行された。

「貴重な資料が収録されているので、利用率が高いです」と、佐尾さんは話す。

別の棚を眺めていると、吉岡一男『鈴木雨香の生涯と岩沼』（鈴木雨香生誕一五〇年顕彰会）という本が目に入った。手に取って驚いたのは、鈴木雨香（本名は省三）が、「仙台叢書」の編集責任者だったことだ。書庫の神様は、ときどきこういう悪戯をする。

雨香は現在の宮城県岩沼市に生まれ、仙台で医師として働くかたわら、歴史を研究。六十歳を過ぎてから「仙台叢書」の編集主任となった。

一九三七年（昭和十二）には『仙台風俗志』を刊行。衣・食・住・教育・年中行事・芸能・歌謡など多方面にわたって広く題目を設け、一般の読者にわかり易く絵入りで執筆した民俗誌だった。雨香が一九三九年（昭和十四）に八十五歳で亡くなってから、

斎藤秀三郎編『斎藤和英大辞典』

『仙台新報』

続編が刊行された。

鈴木雨香とともに「仙台叢書」に関わったのが、常盤雄五郎という人物だ。常盤には『本食い蟲五拾年』（仙台昔話会）という著書があり、無類に面白い。

常盤は小学校を出た頃に、古切手や古銭を収集する。「これがそもそもの私の好古趣味のはじまりであり、これが起因となつて七十歳の今日までつづいている訳である」と書く。古書にも関心があった常盤は、仙台市立商業を中退後、内閣文庫で資料整理にあたる。家の事情で仙台に戻ってからは、宮城県図書館、東北帝国大学（現・東北大学）附属図書館、宮城県史編纂室などで働く。題名通り「本食い蟲」として生きた。

常盤は宮城県図書館に入る前、一九〇七年（明治四十）に山中樵《きこり》（のち宮城県立図書館、新潟県図書館）らと「仙台考古会」、一九二一年（大正十）には「郷土史談会」を結成している。のちに図書館員となる二人が文化組織をリードしているのだ。「仙台叢書」の事務局が県図書館に置かれていたのも、常盤の関与があったのかもしれない。

『本食い蟲五拾年』には、仙台の古本屋事情も出てくる。

名掛丁に〈尚文館〉という古本屋があり、郷土本を集めていた。この店は「馬鹿ほんや」と呼ばれていたが、それは店主の記憶力の良さから、「馬鹿にかしこい」を略した尊敬の念が込められていたと、常盤は書く。

「彼は本を決して売りいそぎなどしなかつたので、相当の良書を保有していた。（略）

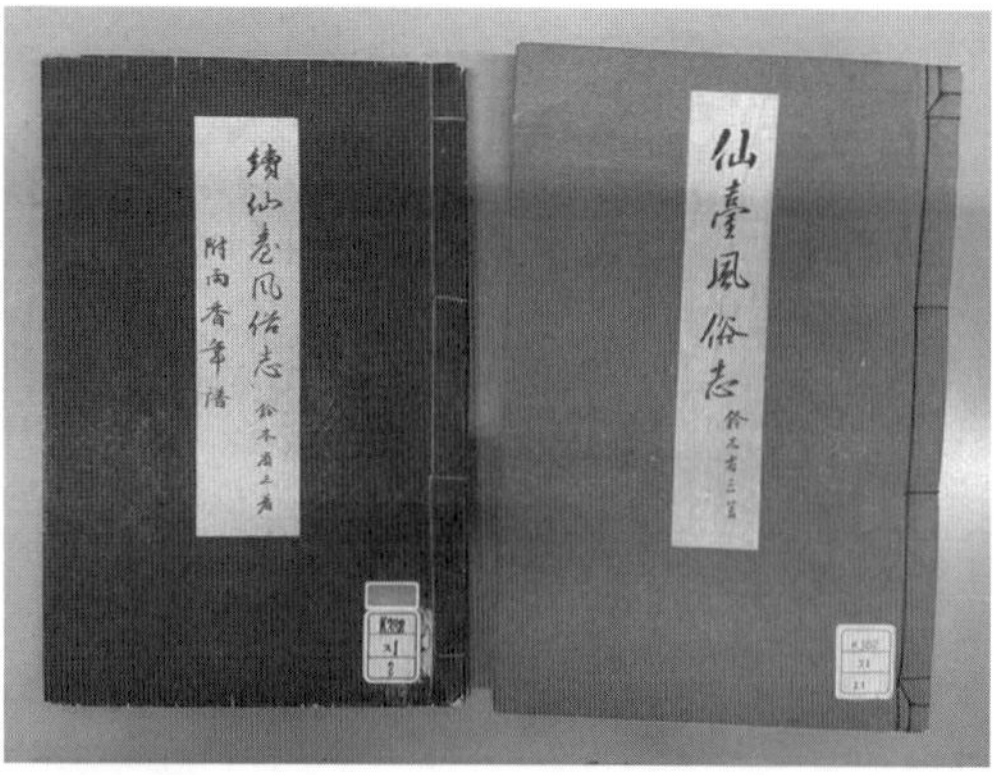

『仙台風俗志』

仙台叢書

郷土史資料収集の目的で、彼の家に蔵書の閲覧方を申入れ承諾を得たので、図書館から私が三日間も出張して二階の本の全部を隅から隅まで調べあげ、その中から郷土関係のものだけを抜き出したところ、積み重なり二列も三列もの高い山になつた。この分を図書館で買入れたい旨申入れたが、躰よくお断りを受けたのは、労して功なく、すこぶる残念なことであつた」

このように本を愛した常盤にとっては、空襲で図書館の蔵書を失ったことは大きな悔恨だった。

「私からいえば、古い本はまたと求め得られないものだから、面倒なら全部紙包に縄掛けでもよいから疎開して欲しかつた。それをば、ズックで全部を包み、馬皮の丈夫な帯を十文字にして錠をかけた、もつたいないほどのヤナギ行李を新調して本を入れ疎開した訳だから、容易なことではない。だから十四万余冊もあつた本が、僅か二十分の一足らずしか運べなかつた次第で、非常の場合だから、館長の責任を問う訳ではないが、これを思うと、私は情けなくていつも涙がこぼれる」

当時の常盤は、同館から離れて、東北帝国大学の図書館にいた。それだけに、自分がいたら、むざむざ焼けさせなかったのに……という思いが強くあったのだろう。

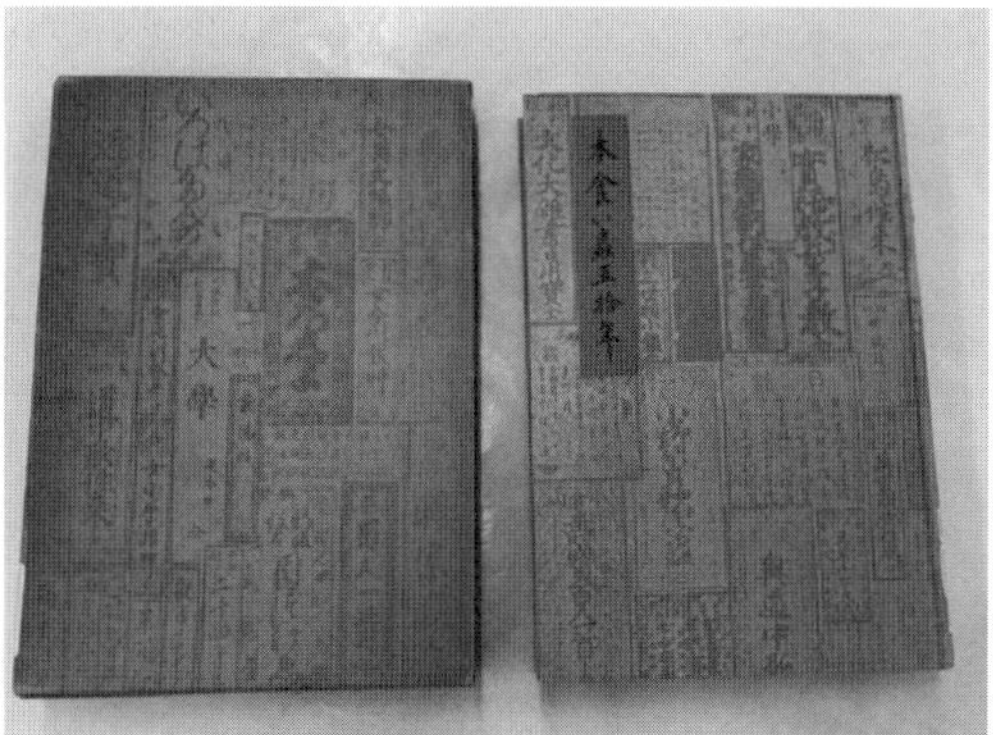

常盤雄五郎『本食い蟲五拾年』

スペース問題とデジタル化

四階の書庫には、郷土に関するもの以外の古書などを収める。青柳文庫、小西文庫も同様で、内容によって三階と四階に振り分けられている。この中にも、たとえば、鷹狩り、印刷などさまざまなテーマで利用できる貴重書が多い。

その奥には、一般書の書庫が続く。見渡す限り、棚の連続だ。

「開館から二十五年経って、すでに本を収蔵するスペースが限界に来ていますね」と、佐尾さんは苦笑する。

その一方で、資料のデジタル化が進められている。

二〇〇五年には「叡智の杜Ｗｅｂ」がスタート。「宮城県内公共図書館所蔵郷土関係論文目録」は調べ物に便利。「宮城県図書館古典籍類所蔵資料」では、貴重書の画像データを見ることができる。

「『宮城県内公共図書館所蔵郷土関係論文目録』は一九八二年に紙版として刊行、その後続編を経て、二〇〇三年にＣＤ－ＲＯＭ版が刊行されました。それが自宅からネットで検索できるようになったんです」と、早坂さんは感慨深げだ。

江戸時代の青柳文蔵、明治大正期の常盤雄五郎、そして、昭和平成期の早坂信子さんと、仙台の「本の虫」の系譜は続いてきた。そして、いまこの図書館で働く人も、どこかに「本の虫」の部分を持っていてほしい。

４階書庫

取材を終えた翌日、仙台の古本屋をめぐっていると、〈阿武隈書房〉で常盤雄五郎『本食い蟲五拾年』と吉岡一男『鈴木雨香の生涯と岩沼』を見つけて驚いた。昨日書庫で見た本を二冊とも手に入れることができるとは。自分も仙台の「本の虫」の仲間に入れてもらったようで、嬉しかった。

宮城県図書館
〒981-3205
宮城県仙台市泉区紫山1丁目1－1

長岡市立中央図書館・文書資料室

戦災から復興した「文化の町」の象徴

二〇二二年六月十八日、JR長岡駅の大手口からタクシーに乗る。図書館までと告げると、男性の運転手に「互尊《ごそん》文庫ですね？」と確認される。これまで各地で運転手の「図書館？　どこですか？」という反応に遭ってきただけに、「互尊文庫で判るんですね」と驚くと、「長岡のタクシーで互尊文庫知らない奴はモグリですよ！」という言葉が返ってきた。

話している間に明治公園に到着する。この敷地内にあるのが〈互尊文庫〉だ。一九八七年に駅の東口の学校町に〈長岡市立中央図書館〉ができるまでは、ここは市立図書館の本館だった。現在は地域館のひとつになっている。四階建てで、一階に開架、二階に新聞雑誌コーナーと閲覧室がある。古い建物なのでエレベーターはない。

二階の〈文書《もんじょ》資料室〉に入ると、室長の田中洋史さんが出迎えてくれた。私は二〇一七年から「新潟日報おとなプラス」で記事を書いているが、田中さんには何度も助けてもらった。めんどくさい問い合わせにも嫌な顔をせずに、いつも丁寧に答えてくれる。長岡市生まれで、「互尊文庫には子どもの頃からよく来ていました」と話す。

互尊文庫のなりたちと野本恭八郎

互尊文庫が現在のかたちになるまでには、数奇な経緯があった。そこには戦争と災害が大きく影響している（以下、『長岡市立図書館開館１００周年記念誌』長岡市立中央図書館、『大正記念長岡市立互尊文庫　市立図書館の開館と戦災復興』長岡市史双書57を参照）。書庫を拝見する前に、その辺を整理しておこう。

長岡における最初の図書館は、一八八五年（明治十八）に読書会「友共社」が設立したものだった。日露戦争後には長岡倶楽部が戦勝記念私立長岡図書館を設立し、友共社と合併した。しかし、日曜だけの開館だったこともあり、閲覧者は減少した。一九一八年（大正七）、初の市立図書館として〈大正記念長岡市立互尊文庫〉が開館。その建設費・維持費を寄付したのが、実業家の野本恭八郎だった。

野本は「互尊独尊」（自分の天分を尊び、人の天分を尊ぶ）の思想を持ち、「互尊翁」と呼ばれた。生涯にわたり社会に奉仕する姿勢を持っていた。野本は長岡市と契約書

現在の互尊文庫。手前にあるのは野本恭八郎（互尊翁）の胸像

を交わし、寄付の条件として「緑の多い所に建設すること」「文庫の経営は長岡市立とすること」「風水害などの自然災害で、互尊文庫が被害を受けた場合は復旧し、長年の維持を確保すること」などを挙げた。「寄付の総額は、当時の長岡市の年間予算に匹敵しました」と田中さんは云う。

最初の互尊文庫は東坂之上町にあった。駅に近く、現在は長岡グランドホテルのある辺りだ。そこは、戊辰戦争で荒廃した長岡を復興させた三島億二郎の邸宅の跡地だった。

互尊文庫は洋風木造二階建て。レンガ造り三階の書庫も併設された。一九三七年（昭和十二）には、前年に亡くなった野本の遺志により、鉄筋コンクリート三階建ての第二書庫が竣工する。

この時期、蔵書はほとんどが書庫に納められて、利用者の請求に応じて出納する方式だった。そのため、「職員の労働量は非常なもの」で、次のような事件が起こった（『館報　創立四十年記念号』長岡市立互尊文庫）。

「或る男子出納手、年令は十七歳、一夜型の如く閉館になつたので、多勢の入館者の使用した図書を最後の力を絞つて書庫の中に運び入れ、正しく棚に排列していたが、遂に力尽きたのか、グッタリ書庫の中に眠りこんでしまつた。夜十一時過ぎても帰らないので、自宅から電話で問合せがくる。まさか書庫の中で白河夜船を漕ぎ続けているとは想像もされず、大騒ぎとなつた」

長岡市立中央図書館文書資料室

長岡空襲を乗り越えて

一九四一年（昭和十六）には、蔵書数（約六万五千冊）、閲覧人数ともに全国市立図書館二十二館中六位になったと、「新潟県中央新聞」が報じている（『大正記念長岡市立互尊文庫』）。

しかし戦時色が強まると、新聞閲覧室などを市の警防団に提供、閲覧室などを陸軍や憲兵派遣所に提供することになった。

そして一九四五年（昭和二十）、八月一日、長岡はＢ29に空襲される。このとき、市街地の八割が罹災し、千四百八十八名の死者が出た。互尊文庫も空襲により「本館は全焼、第1書庫はレンガが崩れ落ち、第2書庫は窓から火を吹き数日間燃えていました」（『100周年記念誌』）。この様子を土田邦彦が描いた「火を吹く互尊文庫の書庫」という絵からは、痛ましい思いが伝わる。これにより、約七万八千冊の蔵書が失われた。

互尊文庫の職員は一日も早く再開すべく、第二書庫を事務所にした。「職員はリュックを背負って、空襲を受けなかった村を回り、本を集めたそうです」と田中さん。日本互尊社から二千冊、三条市立図書館、新発田町立図書館、新潟県立図書館などの応援を得て三千冊を寄贈され、終戦後の九月十一日に開館した。

その後、一九四八年に現在の明治公園内に新館を開館。本館は木造二階建て、書

土田邦彦「火を吹く互尊文庫の書庫」
（提供：長岡戦災資料館）

庫は鉄筋コンクリート造三階だった。市には建設費の余裕がなく、繊維卸商の内藤伝吉の寄付によるものだった。野本互尊翁に続き、ここでも民間の力が互尊文庫を支えた。戊辰戦争後に教育を重視した藩士・小林虎三郎のいわゆる「米百俵」の精神が、長岡の人たちには脈々と流れているのだ。

そして一九六七年には、市制六十周年を記念し、現在の互尊文庫が建設された。先に触れたとおり、一九八七年には長岡市立中央図書館が開館。それまで互尊文庫が所蔵していた貴重書は、中央図書館に移管された。同館の書庫には、互尊文庫の歴史を示す資料が見つかる。

たとえば、『大正記念長岡市立互尊文庫一覧』は、各年度の蔵書数・閲覧人数などの統計や図書・雑誌寄贈者の芳名が記載されている。『大正記念長岡市立互尊文庫館則』（一九一八）は、利用者の注意事項をまとめたパンフレットで、市会議員・長部榮吉の名が記入された優待券が添付されている。「本券を受付に示し特別閲覧票を受取る」ようにとある。

一九二一年（大正十）版の『互尊文庫図書目録』には、「新潟県立図書館蔵書」の印と、「昭和二十年十一月一日　県立図書館寄贈」の印がある。これは、互尊文庫から県立図書館に寄贈されたものが、戦災後に県立から互尊文庫に戻されたものであることを示す。

また、江戸時代中期写本の『東鑑五十二巻』には、「大林館山口氏」の蔵章と、

文書資料室所蔵資料の目録が並ぶ棚

一九四七年の「山口誠太郎寄贈」の印がある。山口氏は横澤村（現・長岡市小国町横沢）の庄屋で、野本互尊翁の実家である。これも戦災で蔵書を失った互尊文庫のために、山口家が協力したのだと思われる。

文書資料室と在野研究者たち

戦後の互尊文庫は、公共図書館であるとともに、長岡の文化の拠点でもあった。

一九五九年には「長岡郷土史研究会」が発足。のちの互尊文庫の内山喜助館長は「図書館にとって、郷土史研究が大切だ」と説き、同志とともに同会を組織。機関誌『長岡郷土史』を発行した（稲川明雄「内山喜助館長からの伝言」、『長岡郷土史』第三十七号、二〇〇〇年五月）。

また、長岡出身の作家で、夏目漱石の娘婿である松岡譲を偲んで、一九七六年に「長岡ペンクラブ」が結成され、機関誌『Ｐｅｎａｃ《ペナック》』を創刊した。内山は同誌にも尽力した。

一九九八年、互尊文庫内に長岡市立中央図書館文書資料室が開設。『長岡市史』のために収集された古文書や歴史公文書など、約二十二万点を収蔵する。

「この中で一番古いものは、一五九七年（慶長二）の『河村検地帳（安禅寺文書）』です。長岡市の文化財にも指定されています」と、田中さんは云う。

互尊文庫の優待券

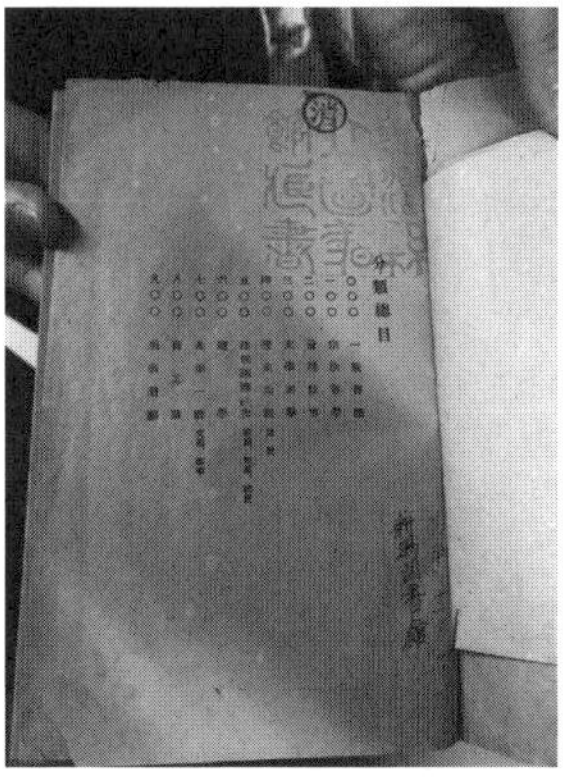

新潟県立図書館から互尊文庫に戻された『互尊文庫図書目録』

互尊文庫の司書で、のちに市史編さん室長になった稲川明雄は、中央図書館長や河井継之助記念館館長も務め、長岡の郷土史に関する著作も多い。稲川は前互尊文庫館長の内山から引き継いで、『長岡郷土史』『Ｐｅｎａｃ』『互尊文芸』などの事務局を引き受けていた。

開室の翌年には、「長岡市史双書」の続刊を開始。歴史、民俗についての資料をまとめるもので、現在六十一冊が刊行されている。

同室が在野の研究者といい関係にあるのは、コレクションからも感じられる。閲覧室にはテーマ別の目録が並んでいるのだが、そこには「自転車チラシ」「各種商店しおり・メニュー」「長岡市厚生会館写真」「市内書店ブックカバー」「ナガオカ丸大買物袋」などが見つかる。個人が収集したものを同室に寄贈しているのだ。

その中のひとつである、マッチラベルのコレクションには、昨年惜しまれながら閉店した喫茶店〈シャルラン〉のラベルもあった。先の松岡譲も通った店である。

寄贈者には『長岡郷土史』や『Ｐｅｎａｃ』に参加している人も多く、市内の新潟県立歴史博物館で毎年開催されている「マイ・コレクション・ワールド」展に、自分のコレクションを出品している人もいる。個人と資料室のコレクションを相互に参照することができるのがいい。

「書庫に潜って、こんな資料があったのかと思いながら過ごす時間が好きなんです」と、田中さんは話す。

長岡市内の喫茶店のマッチラベルのファイル

中越地震から生まれた長岡市災害復興文庫

文書資料室でもうひとつ重要な資料群は、〈長岡市災害復興文庫〉だ。

二〇〇四年十月、新潟県で中越地震が発生した。

「地震の際は資料室内にいました。爆発したような揺れで、本棚から本が落ちました。中央図書館はライフラインが無事だったこともあり、臨時の避難所になりました。私はたまたま阪神・淡路大震災についての本を読んでいたので、「避難所の掲示物を集めませんか?」と提案しました。毛布や子ども用品配布の案内、炊き出し情報、行事のポスターなどが集まりました」と、田中さんは振り返る。

また、文化財レスキューとして、市内の歴史資料の所蔵者に連絡をとり、その被害状況を調査した。取り壊すことになった土蔵・家屋から合計で約千五百箱分の資料を運び出したこともある。東日本大震災後には、長岡市は福島県南相馬市からの避難者を受け入れた。その避難所の資料も収集した。

これらの資料を基に二〇一四年に開設したのが災害復興文庫で、約五万点を公開している。

長岡市災害復興文庫

中央図書館のコレクションたち

二日後、私は中央図書館の書庫にいた。

案内してくれたのは、奉仕係係長の松矢美子さんと主査の諏佐志保さんだ。松矢さんは子どもの頃から互尊文庫に通っていた。「映画上映会に行くと、鉛筆をくれたのを覚えています」と笑う。その後、互尊文庫の司書になり、中央図書館への資料の移動にも関わった。

当時、「きれいな図書館ができるからスーツを着て行かないと」と云うおじいさんもいたという。それぐらい、図書館への関心が高かったのだろう。

中央図書館の現在の蔵書数は約四十六万八千点。そのうち約二十六万点が閉架書庫に入っている。

貴重資料室に収蔵されているコレクションには、〈反町茂雄文庫〉がある。反町は長岡市出身。神保町には、新潟、とくに長岡の出身者が開いた古書店が多いが、現在も営業する〈一誠堂書店〉の創業者・酒井宇吉も長岡生まれだ。反町は同郷の縁から一誠堂で「帝大卒の丁稚」として働き、独立して本郷で〈古書肆弘文荘〉を営んだ。云わずと知れた、古書業界の大立者である。

一九七五年、長岡の丸専デパートで古書展を開催した際、互尊文庫の内山館長と知り合う。

反町茂雄文庫の棚

最初に互尊文庫を訪れた時の印象を、反町は内山館長への手紙でこう書いている。「数量はそう多くない、しかしそう少なくもない。お許しを願って、正直な感想を申しますと、戦災で焼けた長岡の、全焼した公立図書館としては、まあ相当の所、大体予想した位の数量でございました」「貴書珍籍を見る事が本業である私にとりましては、驚くほどの稀本は、多くは見当たりませんでした」（『反町茂雄文庫目録　第一集』長岡市立中央図書館）

郷土資料の収集は年を追うごとに費用が掛かるため、「着手は早いほどよく、早いほど経済的負担も軽くてすむ」と考えていた反町は、一九七六年以降、長岡や新潟県に関する資料を購入し、互尊文庫に寄贈する。また、三千万円に上る資料の購入資金を寄付している。

一九八七年に中央図書館が開館すると、同館がその事業を引き継ぐ。その資料は現在までに約五千八百点に達する。

なお、二〇二一年十二月には同館で「反町茂雄文庫展」を開催。反町の生誕百二十年と没後三十年を記念するもので、貴重な古典籍が一堂に並ぶ様子は壮観だった。

同館の書庫には、ほかにもさまざまなコレクションがある。〈川上四郎文庫〉は、長岡市出身の童画家の旧蔵書で、絵本や児童雑誌が多い。川上が描いた絵本の原画は別置されている。〈星野慎一文庫〉は、長岡市出身のドイツ文学者の旧蔵書。〈伊東多三郎文庫〉は、歴史学者の旧蔵書で、講義のノートや論文の抜き刷り、全国の

反町茂雄文庫展

自治体史などがある。

なかでも貴重なのが、〈堀口大學コレクション〉だ。

詩人・堀口大學は二歳で家族とともに父の郷里である長岡に移り、十七歳までそこで育った。同館では、高知市在住で堀口大學関係資料のコレクターとして知られた千《ち》頭《かみ》将宏《まさひろ》から購入した資料を基に、収集を続け、現在約六千六百点に達している。

「同コレクションにはバーコードを貼らず、中性紙で包んで保存しています」と、松矢さんは説明する。この中には、訳詩集『月下の一群』の「幻の七部本」と呼ばれる、一九二五年（大正十四）に第一書房から刊行された版もある。第一書房社主の長谷川巳之吉は新潟県出雲崎町の出身で、豪華な装丁で出版することで知られた。

同館は、開架されている郷土資料も充実しており、調べもののために来館するとたちまち時間が経ってしまう。新潟について書く際に頼りになる図書館なのだ。

中央図書館開館後も、地域館のひとつとして、また文書資料室として利用されてきた互尊文庫だが、二〇二三年に現在地から大手通りに新しくできる複合ビル内に移転することが決まっている。

同時に文書資料室も別の場所に移転し、来年度中にリニューアル開館する予定だ。

「場所が変わっても、資料を集めて整理して本にまとめるというサイクルは続けていきます。それとともに、資料をもっと積極的に公開していくことも必要だと感じ

『月下の一群』第一書房版

ています」と、文書資料室の田中さんは云う。

互尊文庫は、戊辰戦争の焼け跡の中から生まれ、空襲で大きな被害を受けた直後に再開した。そして、中越地震後にはいち早くアーカイブに着手している。戦災・災害と復興を繰り返してきた長岡の町を象徴する存在なのだ。

長岡の人たちには、今後も図書館や文書資料室を大事にしてほしい。そして、タクシーの運転手さんは新しい場所にも一発で案内してください。

〔追記〕

二〇二三年七月、互尊文庫は大手通りに建設された複合施設〈米百俵プレイス ミライエ長岡〉内に移転した。私も見学に行ったが、オープンスペースが多く、若い世代にも活用されている様子が伺えた。その一方で、かつての互尊文庫の雰囲気を感じさせる要素が少ないのは残念だ。

また、文書資料室も七月に長倉西町の施設内に移転し、〈歴史文書館〉としてオープンした。

以前の互尊文庫の建物がどうなるかも注目されたが、耐震補強などの工事を経て、城内町にあった〈長岡戦災資料館〉がここに移転し、二〇二六年にオープンする予定だと発表された。

長岡市立図書館

〈中央図書館〉
〒940-0041　新潟県長岡市学校町１丁目２番２号

〈互尊文庫〉
〒940-0062　新潟県長岡市大手通２丁目３番地
10米百俵プレイス　ミライエ長岡 3F・5F

〈歴史文書館〉
〒940-0849　新潟県長岡市長倉西町458番地７

釧路市中央図書館・釧路文学館

「文学の街」の底力

二〇二三年六月十七日の朝、飛行機は釧路空港に着陸した。

釧路は霧が多い土地として知られている。「めったにないけど、霧が多すぎて着陸できない時もある」と聞かされていたが、この日は晴天。いつもなら肌寒い時期だと云うが、気温も高めだった。

空港バスに五十分乗り、釧路駅前に着いた。交差点の向こうで、盛厚三さんが手を振っていた。釧路への旅のきっかけとなった人だ。

盛さんは一九四七年、釧路市生まれ。埼玉県に住み、デザインの仕事をしながら、釧路の文学史を研究している。最初にお会いしたのは、文学同人誌『舢板《サンパン》』の集まりだっただろうか。その後、不忍ブックストリートの一箱古本市に最高齢の店主と

（左）釧路で初開催された一箱古本市
（右）盛厚三『釧路湿原の文学史』

して参加。自身が発行する同人誌と同じ「北方人」の屋号で親しまれた。

昨年には『釧路湿原の文学史』を刊行。雄大な湿原を訪れた作家、詩人、評論家らの群像を描く労作で、釧路文学賞を受賞した。同書の版元である藤田印刷エクセレントブックスは、釧路に本拠を置く道内有数の印刷会社であり、アイヌ関係の本などを刊行する出版社でもある。昨年亡くなった元朝日新聞記者のジャーナリスト・外岡秀俊さんの遺稿集『借りた場所、借りた時間』の版元もここだ。外岡さんの小説『北帰行』のクライマックスが釧路だったという縁からだとあとで聞いた。

駅から南へと走る大通りが「北大通」。まっすぐ行ったところにあるのが、釧路を代表するスポットである幣舞橋《ぬさまいばし》だ。

釧路の歴史は、幣舞橋の南側からはじまった。松前藩がアイヌとの交易を行なうために設置した「クスリ場所」があり、それが「釧路」の語源となった。一九〇一年（明治三十四）には釧路駅が開業して以来、幣舞橋の北が発展していく（釧路市地域史料室編『街角の百年』釧路新書）。

「まだ湿原だったこの地の開墾を行なったのが、作家・中戸川吉二の父です。釧路の恩人ですね」と、さっそく盛さんの解説がはじまる。

北大通を歩くと、右側に白い、大きなビルが見える。そこには〈釧路市中央図書館〉という文字がくっきりと浮き出ている。なかなかの偉容だ。一、二階が北海道銀行で、三階から七階までが図書館となっている。

この日は、そこから百メートルも離れていないところにある〈古書かわしま〉の二階で、釧路で初開催となる一箱古本市が行なわれた。釧路駅の反対側には、一九八二年創業という〈豊文堂書店〉もある。

百十年の釧路文学史

図書館に着くと、館長の高玉雄司さんと副館長の石原美津代さんが迎えてくれる。お二人は釧路文学館の館長、副館長でもある。

最初に六階にある〈釧路文学館〉を見る。釧路の文学史とゆかりの作家のパネルや作品が展示されている。

ゆかりの作家として取り上げられているのは十一人。中でも大きく扱われているのは、石川啄木、原田康子、桜木紫乃の三人だ。

啄木は一九〇八年（明治四十一）一月から釧路新聞社に勤めた。わずか七十六日しか滞在しなかったにもかかわらず、釧路の人たちに強い印象を残した。釧路には啄木の歌碑が二十六基もあるという。全国にある啄木の歌碑の四分の一を占める多さだ。

原田康子は東京で生まれ、一歳から釧路に住んだ。一九五六年に刊行した長編小説『挽歌』がベストセラーとなった。同作は釧路湿原が舞台のひとつであり、「黄

釧路文学館

ばんだ銀色の葦と、黒い野地坊主に埋め尽くされた荒れた野は、非常な美しさに充ちて無限大にひろがっていた」などと魅力的に描写されている(『釧路湿原の文学史』)。桜木紫乃は釧路生まれで、二〇一三年に『ホテルローヤル』で直木賞を受賞。釧路を舞台にした多くの作品を書いている。

啄木から桜木紫乃まで約百十年。釧路には文学の伝統が受け継がれているのだ。

ここで図書館と文学館の経緯を見ておこう。ちょうど七階の展示室で「図書館の歩み」展が開催中だった。

釧路滞在中の啄木は、友人の宮崎郁雨宛ての書簡で、「(釧路には)教育機関の改善拡張や、図書館の設置や、其他まだまだ沢山ある」と書いている。それらの機関の充実が必要だと訴えたものだろう。

彼が釧路を去って四年後の一九一二年(明治四十五)、幣舞町の釧路公会堂の一室に〈釧路教育会附属釧路図書館〉が開設された。蔵書数は約二千二百冊。同館は一九二五年(大正十四)に昭和天皇のご成婚を機に〈御成婚記念釧路市簡易図書館〉となる。この日が、釧路市図書館の創立日となっている。

戦後、一九五〇年に〈市立釧路図書館〉と改称する。その翌年、同じく幣舞町に初の独立した図書館を建設。この時はじめて、利用者が自由に本を手に取れる形式になる。

一九七二年、旧市役所庁舎跡地に新しい図書館を建設。地上四階、地下一階のコ

幣舞公園の「挽歌」の碑

展示室

ンクリート造で、視聴覚ホールなどを設けた。その後、図書館バス（移動図書館）の運行も開始する。

この時の図書館の建物は、いまも残っている。行ってみると、幣舞橋をはじめ町なかが見下ろせるいい場所だった。隣には幣舞公園があり、原田康子の「挽歌」の碑もある。「『挽歌』の単行本に入っている原田康子の写真は、（市役所庁舎時代の）この図書館の裏辺りで撮影したものです」と、案内する盛さんが教えてくれた。

この図書館は長く親しまれたが、耐震やスペース不足の問題から移転が決まり、二〇一八年二月、現在の地に中央図書館がオープンした。

一方、文学館についても三十年近くの経緯がある。

一九八九年、「釧路文学館を考える会」が発足、開設に向けた趣意書を提出する。その後、教育委員会が中心となり文学館の構想を検討。そのなかで、「考える会」が収集した文学資料約一万三千点を、市に寄贈している。

そして、新図書館の移転に合わせて、文学館を併設することが決まり、二〇一八年二月に開設されたのだ。同館では常設展示のほか、年四回の企画展を開催している。

蔵書数は図書館、文学館を合わせて三十五万冊にのぼる。

幣舞町の旧図書館

「図書館の歩み」展で展示されていた市立釧路図書館の看板。昭和 40 年代には使用されていた

丹葉節郎コレクションと三つの個人文庫

「では、中へどうぞ」

石原さんが文学館の展示フロアの奥にあるドアを開けてくれる。作業などを行なう部屋で、ここには〈丹葉節郎コレクション〉が収められている。

丹葉節郎（一九〇七～一九九四）は公民館長などを務めた人物で、釧路における石川啄木の足跡の研究をライフワークとした。啄木に関わった人のうち、現存者に直接会って取材している。

啄木の日記に登場する芸妓・小奴（近江ジン）は、のちに近江屋旅館を経営した。丹葉が彼女にインタビューしたテープも残されているという。丹葉コレクションの「小奴遺品」と書かれた箱には、啄木の友人・金田一京助が釧路を訪れた際に小奴に贈った、自作の歌を書いた色紙帳もある。

また、釧路で撮影された唯一の啄木の写真（鉄道視察団との記念写真）も、丹葉コレクションのひとつだ（丹葉コレクションについては、『まちなみ』第五十号、一九八九年五月、第五十一号、一九八九年六月、市立釧路図書館郷土行政資料室 を参照）。

さらに奥のドアを開けると、文学館の保管庫がある。ここには本やその他の資料が約三万四千点収蔵されている。一番手前はゆかりの作家十一名に関する資料。それから奥に向かって雑誌、創作、俳句、短歌、色紙・挿絵、演劇という風に棚が分

金田一京助が小奴に贈った色紙帳

かれている。

十一名のうち、啄木、原田、桜木は紹介した。他の八名を簡単な肩書付きで挙げておく。中戸川吉二（作家）、更科源藏（詩人）、土屋祝郎（作家）、荒澤勝太郎（作家）、小松伸六（文芸評論家）、佐佐木武観（劇作家）、永田秀郎（劇作家）、鳥居省三（文芸評論家）。このうち中戸川、更科、小松については盛厚三さんが研究を発表している。保管庫には彼らの著作や関連の資料が並べられている。

個人文庫としては、〈鳥居文庫〉、〈吉田文庫〉、〈原文庫〉の三つがある。鳥居文庫については後で触れる。吉田文庫は日本エディタースクールを創設した吉田公彦とその兄弟である民俗学者の谷川健一、詩人の谷川雁、東洋史学者の谷川道雄の蔵書。吉田公彦の義妹にあたる人は、釧路に本拠を持つ書店チェーン〈コーチャンフォー〉の創立者だという。原文庫は釧路出身の政治学者・原彬久の蔵書を受け入れたものだ。

一番奥にキャビネットがふたつあり、そこには貴重書が保管されている。

中戸川吉二の著作、更科源藏の詩集『種薯』、荒澤勝太郎『樺太文学史』原稿などと並んで、原田康子の『挽歌』（東都書房）もあった。

「状態がいいでしょう」と石原さんが自慢する通り、帯付きの美本だ。「異例の波紋！奔流の売行！」との帯のコピーが景気いい。

目を見張ったのが、土屋祝郎の『獄中日記』だ。土屋は秋田県生まれ。京都三高時代に学生運動に身を投じ、一九三二年（昭和七）に逮捕。中退後、一九三七年（昭和

更科源藏詩集『種薯』

原田康子『挽歌』

十二）に思想犯として逮捕され、釧路刑務所で五年服役。一九四一年（昭和十六）に出所するが再逮捕され、一九四三年（昭和十八）に釈放されるまで、七年にも及ぶ獄中生活を送った。

『獄中日記』は、豆粒のような細かく、丁寧な文字で獄中の生活や考えを記録したもので、その執念にため息が出るほどだ。

蔵書の一割が郷土資料

次に図書館の書庫に向かう。ここからは図書館の斎藤愛美さんが案内に加わった。五階の貴重庫には、作曲家・伊福部昭の遺品である洋服や指揮棒、パイプなどを収蔵している。伊福部の父は警察官で、昭は三歳までこの地に住む。そのあと音更町にも住んだことから、同町の図書館には〈伊福部昭音楽資料室〉がある。この取材の二日後に訪れたが、小さいがいい資料室だった。

「こんなものもありますよ」と、斎藤さんが取り出してくれたのは、小さなガラス乾板写真だ。釧路の写真師・木村藤太が一八九六年（明治二十九）の皆既日食を撮影したものだという。利用者から「こういう資料があるはずだが」という問い合わせがあったことで、館内で発見されたという。

同じ階のカウンターの裏には、レファレンスなどで使う頻度の多い資料が並べら

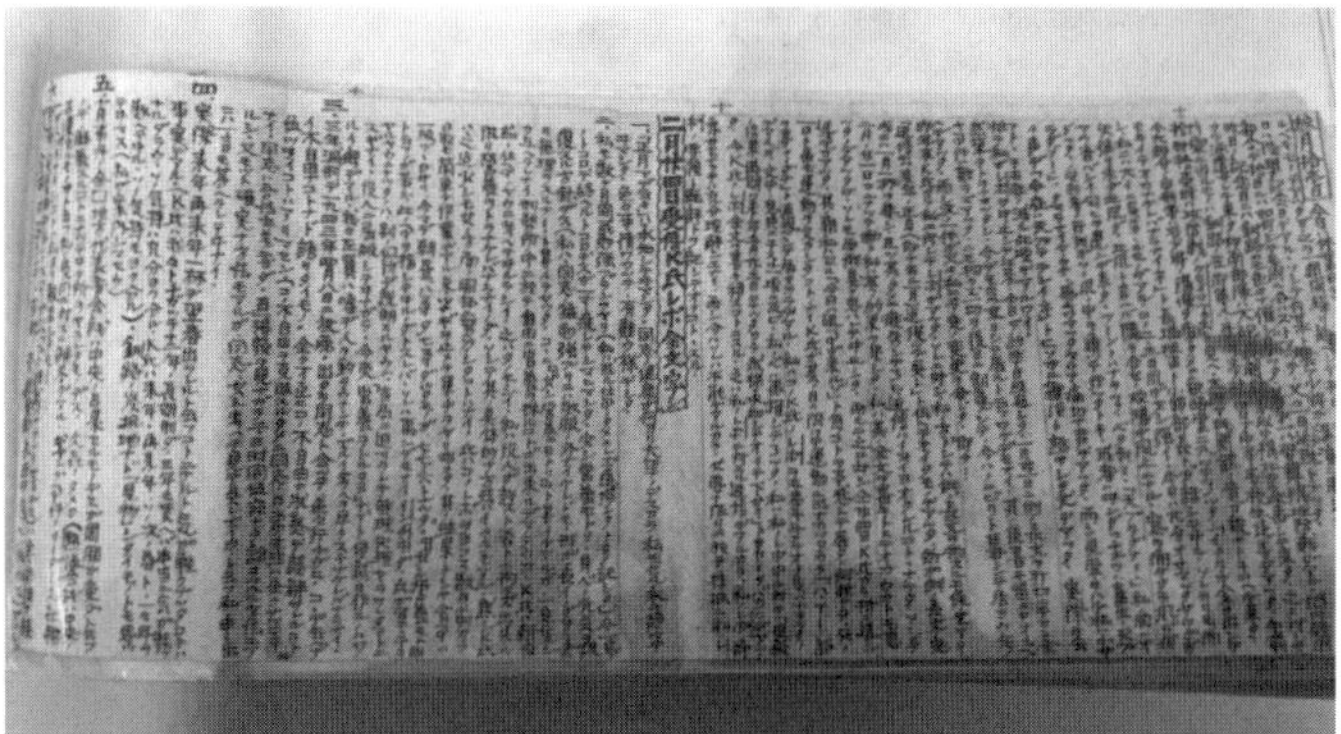

土屋祝郎『獄中日記』

れている。たしかに、『釧路築港史』『釧路人物評伝』に明治期の電話番号簿や写真帖など、釧路の歴史を調べる際には必要なものばかりだ。

斎藤さんに広げてもらって、一九一〇年（明治四十三）の釧路の地図（復刻版）を見る。この種の資料で面白いのは広告だ。よく見ると、啄木の恋人・小奴が営んでいた近江屋旅館の広告もあった。

「当館の蔵書のうち約十分の一が郷土資料に当たります。この割合から見ても、道内でもかなり郷土資料が多い図書館だと云えると思います」と、斎藤さん。「自分が生まれるよりずっと前の時代の釧路に関する資料を見るのは、とても楽しいです」と話す。

最後に入ったのは三階の書庫。ここには新聞類などを保存する。明治期の「釧路新聞」は他の図書館に所蔵されておらず、市の指定文化財になっている。現在はマイクロフィルムやPDFで閲覧するため、原本は閲覧できないのだが、今回は特別に包装されたものを開いて見せてもらった。

貴重な紙面だが、ところどころに切り抜かれた跡がある。石川啄木が書いた記事を切り抜いた不届き者がいるのだ。しかし、そいつの目が届かず、残っている記事がある。一九〇八年（明治四十一）三月十一日の「空前の大風雪」という記事で、署名が入っていないので気づかなかったのだろう。「天地晦瞑唯巨獣の咆哮するが如き暴風雪の怒号を聞く」「潰倒家屋数戸圧死者数十名、前後二十四時間に亘れる」などは大きい活字で強調されている。状況が生々しく伝わる文章だ。

皆既日食を撮影した写真

戦前の郷土資料を収めた棚

「これが啄木が書いたものであることは、本人の日記（「明治四十一年戊申日誌」、『石川啄木全集』第五巻、筑摩書房）に「出社して、風説被害の記事を一頁書いた。田舎の新聞には惜しい程の記事と思ふと、心地がよい」とあることで判ります」と、石原さんが解説する。

この他、図書館にはアイヌ関係の資料も多く所蔵する。〈松本文庫〉はアイヌ文化懇話会を設立し、研究誌『久摺《クスリ》』を発行した松本成美の蔵書二百八十四点。〈多助文庫〉はアイヌ文化の伝承者だった山本多助エカシ（長老）の書簡や日誌など約八百点。

貴重庫に所蔵されている『永久保秀二郎日誌』全八冊は、アイヌ学校の教師の日誌で、市の指定文化財になっている。これらは翻刻され、二巻本として刊行された。

「旧図書館の三階には郷土行政資料室があり、アイヌ関係の資料を積極的に集めていました」と、石原さんが説明してくれた。

釧路文学史の恩人・鳥居省三

書庫を一巡りして、文学館にも図書館にも、郷土の資料が多く所蔵されていることが判った。特に文学に関しては、北海道立図書館や道立文学館にも所蔵されていないものが多いようだ。

これだけの資料を集めたのには多くの人の尽力があったはずだが、なかでも注目

「釧路港實業家名鑑明細全圖」の広告面

されるのが、鳥居省三だ。

鳥居の本名は良四郎。一九二五年（大正十四）、紋別市に生まれ、幼い頃に釧路管内に引っ越す。国鉄に勤務しながら、戦後に同人誌を創刊。その後、釧路の太平洋炭礦の図書館に勤務する。そして、一九五一年に釧路図書館の職員となる。

その翌年、市立釧路図書館館報として『読書人』が創刊される。鳥居は座談会「釧路文学の現状と将来」の司会をしている。同じ年の秋、鳥居は北海道文学同人会を創設し、同人誌『北海文学』を創刊。原田康子も同人となる。

図書館と同人誌の関係については、原田康子が鳥居の追悼として書いた「青春の図書館」に詳しい。

「当時、鳥居さんは釧路市立図書館の司書をしていた。おかげで同人会には図書館を利用することができた。（略）図書館は高台の崖近くにあった。崖ぎわに市役所の建物が建っていて市役所にふさがれて下町は目にはいらない。市役所の蔭のこぢんまりした図書館は、身体をすくめるようにひっそりと建っていた。

私たちは、図書館の事務室をつかった。（略）雑誌が出たあとに同人会を行う習慣であったから、つい掲載作を槍玉にあげることになる。あげられたほうもだまってはいいない。茶碗酒を飲みだすにおよんで、声はさらに高くなる。サルトルやカミュ

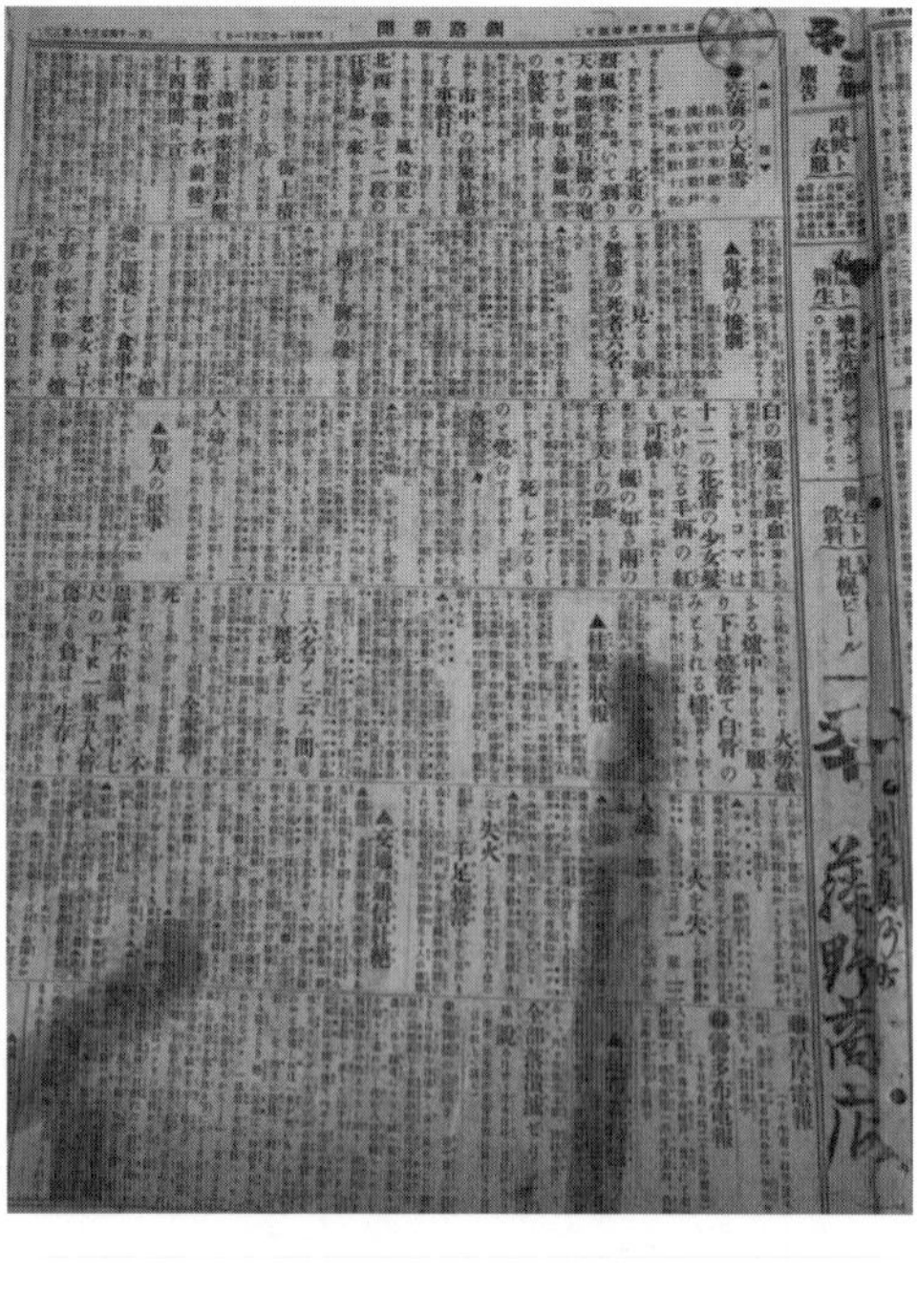

石川啄木の無署名記事（「釧路新聞」1908年3月11日）

をはじめ、文学一般に話題が転じたとしても、公共の施設の中でお酒まで飲んだのである」（『北海文学』第九十三号、二〇〇六年十二月）

このように図書館と文学活動が近い時代があったのだ。『読書人』に原田康子が書評やエッセイを寄稿しているのも、こうした空気のなかでのことだった。

鳥居は図書館で得た給料を『北海文学』につぎ込むが、印刷所への借金が増えたため、ガリ版印刷に切り替える。このときの同誌に連載されたのが、原田の『挽歌』だった（鳥居省三『私の歩いた文学の道』釧路新聞社）。

鳥居は一九六六年、一九七四年の二度、釧路図書館の館長を務める。鳥居の在職中、市立釧路図書館叢書として『北海道郷土資料目録』『アイヌ古代舞踊の研究』などが刊行された。

古谷達也「追想　図書館の鳥居さん」（『北海文学』第九十三号、二〇〇六年十二月）によれば、当時の市役所では退庁時間を過ぎると職場で一杯飲む習慣があった。「図書館でもご多分にもれなかったが、ちょっと一杯の後の鳥居さんの飲み屋は定番の「挽歌」であり、そこで逆立っている頭髪を振りたて、口を突き出し大声で談論風発し」たという。この〈挽歌〉は栄町のおでん屋で、太田和彦のエッセイにも行った話が出てくるので、割と最近まであったようだ。

文学館の續橋《つづきはし》史子さんの父は市役所で鳥居の同僚だったそうで、酔っぱらった鳥居をタクシーで自宅まで連れ帰ったこともあるそうだ。

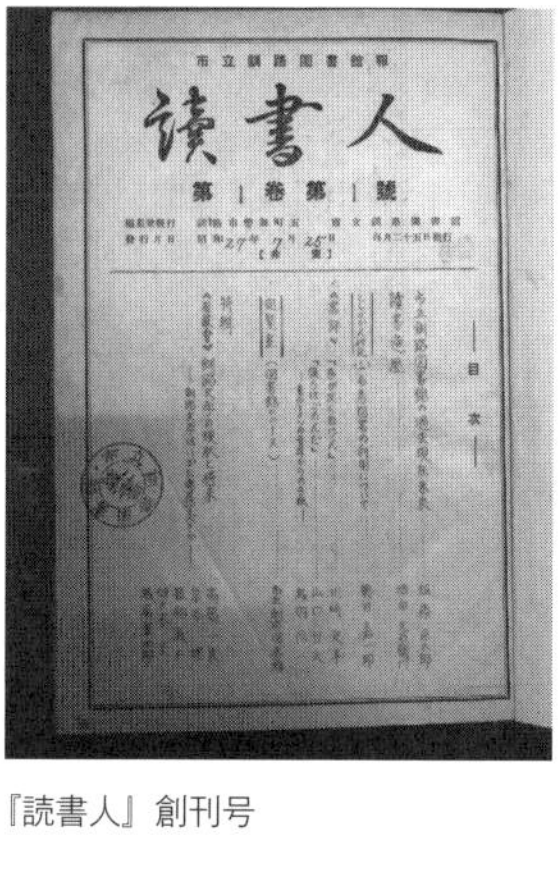

『読書人』創刊号

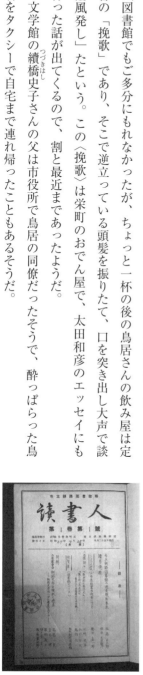

鳥居は一九六〇年に創刊した「釧路叢書」の編集にも関わった。この中に鳥居編『釧路文学運動史』全三巻も入っている。釧路叢書は釧路市が発行元になっている文化や学術の叢書で現在も刊行中。また、「釧路新書」は市の教育委員会が刊行している。在庫があるものは、啄木の資料を展示する〈港文館〉などの観光スポットでも販売されている。『北海文学』はその後も発行を続けた。盛厚三さんも鳥居から声を掛けられて同人になった。桜木紫乃の出発点も同誌だった。

二〇〇六年、鳥居が亡くなると、その追悼号を最後に『北海文学』は休刊。鳥居の蔵書は図書館に寄贈された。〈鳥居文庫〉は六千五百十一点。文学の単行本や文芸誌のほかに。三島由紀夫『金閣寺』など雑誌連載の作品を切り取ったり、芥川賞の選評をまとめたりしたファイルもある。

切り取った記事を自分でバインダーに綴じたものもあり、細やかな性格だったことがうかがえる。

鳥居が館長だったことで、文学に関する資料の寄贈につながったことも多かったはずだ。釧路図書館と文学館にとっての恩人のひとりと云えるだろう。

文学の街を、次の世代へ

充実した取材を終えると、夜は鳥居省三にならって栄町の飲み屋を数軒はしごし

鳥居文庫の連載ファイル

米町公園の石川啄木碑

て飲んだ。そのうち、赤ちょうちん横丁にあるシェリー酒を出すバーの店主は石丸基司さんといい、作曲家でもある。石丸さんは伊福部昭の最後の弟子であり、図書館に遺品を寄贈したのもこの人なのだ。この日の一箱古本市にも出店していたが、「ディレッタント」という言葉が似合う自由人だ。

翌日は盛さんの案内で、米町公園の石川啄木碑などを見学する。

そして午後には、釧路文学館の開館五年を記念して、盛さんと私で「文学の街・釧路」と題するトークイベントを開催。五十人以上が集まってくれた。

こっそり打ち明けると、このタイトルを聴いた時、私はちょっと心配だった。「本の町」「文学の街」といったスローガンを立てる土地は多いが、どれだけ内実が伴っているかは疑問だ。そう名乗るためには、それなりの実態と覚悟が必要だと思う。

しかし、釧路を訪れて、ここがたしかに「文学の街」だったことがよく判った。そして、図書館・文学館や古本屋、出版の現状を見ても、いまも「文学の街」という名前にふさわしい、底力のようなものを感じた。おかげで、確信をもってトークに臨むことができた。

ただ、将来にわたっても「文学の街」たりうるかは、釧路の人たちの熱意によって決まるだろう。これまでの蓄積を生かして、文学や本に関わる次の世代も育てていってほしい。

釧路文学館が開催した
トークイベント「文学の街・釧路」
（提供：釧路市中央図書館）

釧路市中央図書館・文学館
〒085-0015
北海道釧路市北大通10丁目2番地
新釧路道銀ビル3〜7階

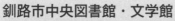

遺された本を受け継ぐ

東洋文庫
国立映画アーカイブ
草森紳一蔵書
大宅壮一文庫
遅筆堂文庫

東洋文庫

本の旅の果てに

二〇二三年五月十日、急に気温が上がった午後に、私は自転車で坂を上っていた。目的地は本駒込の〈公益財団法人東洋文庫〉だ。三井財閥の岩崎久彌が一九二四年（大正十三）に設立した、東洋学の研究図書館である。

入り口の巨大な「ＭＵＳＥＵＭ」という文字を眺めて中に入る。入ってすぐがミュージアムショップになっており、その奥に展示室がある。「フローラとファウナ　動植物の東西交流」という企画展が開催中で、多くの人が訪れていた。

「新型コロナウイルス禍以来、来場者が落ち込んでいましたが、いまは元に戻ってきました」と、普及展示部研究員・学芸員の篠木由喜さんは話す。

篠木さんは大学院で展示教育を学び、二〇一四年に同館に入る。観覧者の立場に

東洋文庫の入り口

立って、展示の仕方を考えるスペシャリスト。パネルの色や高さ、フォントを変えて見やすくしたり、展示物の解説文を中学生が読んでも判るように、あるいは英文を併記したりしたという。

企画展ごとに図録を出しているのもいい。三十ページほどの小冊子なので、気軽に買って持ち帰ることができる。

篠木さんと文庫長特別補佐の牧野元紀さんの案内で、展示室に入る。壁際には長いガラスケースがあり、東洋文庫の名品が展示されている。

左手の階段を上ると、目の前に現れるのが〈モリソン書庫〉だ。吹き抜けで天井の高い空間に、二階、中三階、三階と段々畑のように書棚が設置されている。G・E・モリソンの旧蔵書を基にした東アジア関係資料のコレクション〈モリソン文庫〉約二万四千冊が並べられている（一部の貴重書、パンフレットは書庫に入っている）。その光景はとにかく圧巻で、最初に見たときはしばらく呆然と眺めていた。

「二〇一一年にミュージアムがオープンするまでは、モリソン文庫はジャンルごとにバラバラに配架され、蔵書票を見ないと区別できなかった。それをひとつの塊りとして見せることになったんです」と、牧野さんが説明する。

牧野さんはベトナム史を専攻。国立公文書館アジア歴史資料センターを経て、二〇〇九年に東洋文庫に入り、ミュージアムの設立準備に関わる。

「大英図書館やイエール大学バイネキ図書館を視察して、書物をどう見せれば魅力的な展示になるかを探りました」

モリソン書庫は三層になっている。資料の状態を保つためにサーキュレーターが導入され、空気が循環している。また、修復担当が適宜書棚をチェックして、状態が悪いものは修復することもある。

棚のところどころに、本と本の間に隙間がありプレートが指し込まれている。研究員が借りたり、展示に使われたりしていることを示すものだ。

「書庫の中にも、「モリソン書庫へ別置」という移動を示すプレートが入っていることがあります。宝探し感覚になりますね」と篠木さんは笑う。

三階には閲覧室がある。その窓から、モリソン書庫の最上部を眺めることができる。

モリソンの「活きたライブラリー」

モリソン文庫は、東洋文庫の設立の経緯に大きく関わっている（以下、『東洋文庫80年史I』東洋文庫　参照）。

ジョージ・アーネスト・モリソンは一八六二年（文久二）、オーストラリアで生まれ、十代から世界を旅する。ロンドン・タイムズのアジア駐在員となり、一九〇〇年（明治三十三）の義和団の乱を報道した。

モリソンは中華民国の政治顧問として北京に住み、二十年以上かけてアジアに関す

モリソン書庫

る欧文資料を収集し、〈アジア文庫〉と名付けた。その中には、「日記、書簡、メモランダムのほか、地図、新聞の切り抜き、写真、メダル、絵葉書、陥落直後の旅順の戦場で拾った日本人の葉書、招待状、劇場のプログラム、招かれた晩餐会のメニュー、日本国入国許可証、電車の切符、旅館や本屋の領収書、質屋の質札など」種々雑多な紙ものが含まれていた（ウッドハウス瑛子「G．E．モリソン伝」、『東京人』一九九四年十一月号）。

政治顧問からの退任を考えたモリソンが、自分の蔵書を手放す意思があると知った、横浜正金銀行取締役の小田切萬壽之助はそのことを日本に伝えた。

ちょうど北京に滞在中だった、国語学者で帝国大学文科大学学長の上田萬年は、教え子である石田幹之助にモリソン宅を訪ねるように云う。以下、石田の「東洋文庫が生れるまで」（『石田幹之助著作集』第四巻、六興出版）をもとに経緯をたどる。石田が約四十年後に回想したものだが、瑞々しい語り口で、思わず長く引用したくなる。

モリソンの邸宅は立派だが、半分を他人に貸して、本人は簡素な部屋で暮らしていた。「然るにこちらへ来いといつて通された書庫は之に反して十分の設備を調へた立派なもので、分厚な鉄筋コンクリートの壁で囲んだ、八メートルに二十メートル近くの長方形の一階建に、壁面といはず、中間の空地といはず、相当念入りに作つた書棚が或は一列に、或は背中合はせに排列されて中には本がギッシリ詰まつてゐる」

それらを手に取ると、アジア学の貴重書ばかりだった。その報告を受けた横浜正金銀行総裁の井上準之助（一九三二年に血盟団のテロで命を落とす）は、岩崎久彌にアジ

閲覧室の様子
（提供：東洋文庫）

ア文庫の購入を要請し、岩崎はそれを快諾した。

岩崎は、明治末期から書物の収集を開始。そのコレクションは〈岩崎文庫〉として、モリソン文庫と並ぶ東洋文庫の柱となる。一九〇一年（明治三十四）にインド学書約一万冊の〈マックス・ミューラー文庫〉を購入し、帝国大学図書館に寄贈した（関東大震災で焼失）。

井上はモリソンの言い値が適正かどうかを調べるよう、上田に頼んだ。そのカタログを預かった石田は、丸善の栗本葵未《きみ》に相談する。「頭の中は本のことばかりなので、丸善の店の人は些か変人扱ひをしてをりました」が、洋書についての知識は誰にも負けなかったという人物だ。石田は誰の蔵書かを隠して相談したが、栗本はすぐにモリソンのものだと見抜いたという。

一九一七年（大正六）八月、石田は司書の美添鉉二と一緒に北京に渡り、アジア文庫の蔵書の確認と発送作業を行なった。モリソンはこのとき、文庫を手放す条件として、分散せずに保管すること、継続して定期刊行物を購入することなどを挙げた。

モリソンはまた、カタログの本が全部あることを証明するために、石田がランダムに挙げた書名をすぐに取り出した。

「相当大きな本であらうと、小冊子であらうと、それも極めて片々たるパンフレットであらうと、あちらの隅からもこちらの隅からも立ちどころに持つて来てどうだちやんとあるだらうといつた顔をしてゐます。これには驚きました」

十分信用できるということで、モリソン宅に大工を呼んで特製の木箱をつくるなど、発送の準備に入る。

この間、石田はモリソンが本の裏表紙にさまざまな情報を書き込んでいることを見て、「なるほどこの文庫は主人が日夕親しく実際に活用してゐたものだけあつてこれこそ活きたライブラリーだ」と痛感したという。

九月、十数台の荷馬車に五十七個の木箱が積み込まれた。石田はいったん荷物と別れ、満洲を回って釜山経由で下関に着く。特急の車中、国府津から当時、時事新報の記者だった菊池寛が同乗し、石田を取材している。石田は第一高等学校で芥川龍之介や菊池の同級生だった。

到着した荷物は深川佐賀町の三菱倉庫に収められた。しかし、「ここに思はざる一大事が突発して、それを機縁に私とも深い御縁が出来てしまひ、永いこと文庫のために働くことになるやうなことが出来致したのであります」。台風で高波が押し寄せ、箱詰めされた書物が水をかぶったのだ。石田はすぐ現場に向かい、本の救出の指揮を執った。心配した岩崎久彌も駆けつけ、岩崎の駒込別邸で修復を行なった。

一九二四年（大正十三）、岩崎はこの別邸の土地に本館と書庫を新築し、東洋文庫を設立した。そして、石田は図書部の主任となる。

モリソン文庫と岩崎文庫

では、書庫に案内していただこう。

貴重書を保護するために、書庫内にカメラやスマホは持ち込めない。そこまでは普通だが、外からの土やほこりなどを防ぐために、靴にカバーを掛けるのにはびっくりした。刑事ドラマで鑑識作業のときにやっているアレだ。不器用なので、着けるのに時間がかかってしまった。

エレベーターで上層階に上がり、貴重書庫に入る。ここには十九世紀以前の洋書、江戸時代以前の和書、漢籍などがある。国宝に指定されている『春秋経伝集解』『史記』や重要文化財の『礼記正義』『論語集解』などは、別の階の特別貴重書の書庫に厳重に収められている。

東洋文庫の蔵書は、約百万冊。そのうち漢籍が四割、洋書が三割、和書が二割、残りの一割がその他の言語という割合だ。「その他の言語には、アジアの数十言語が含まれます」と牧野さんは話す。

中に入ると、整然と背の高い棚が並ぶ。二〇一一年、新しい書庫に資料を移し終えた直後に、東日本大震災が発生。棚から床に落ちて、ダメージを受けた本もあったという。「そのため、本が飛び出しにくいように本の配置を変えたんです」と、牧野さんは云う。

和本は帙に入れて、立てて並べられている。同館には帙、和漢書、洋書を修復す

書庫に入る前に靴にカバーを着ける

る職人が属しており、専用の部屋もあるという。

　蔵書の柱となっているのはモリソン文庫と岩崎文庫の二つだ。

　モリソン文庫のうち、パンフレット類約六千点はこの書庫にある。壁際の棚には製本された表紙が並んでいるが、その中には複数の書類が収められている。どこに何が入っているかを見つけるのが大変そうだ。その内容については、岡本隆司編『G．E．モリソンと近代東アジア　東洋学の形成と東洋文庫の蔵書』（勉誠出版）に詳しい。

　岩崎文庫は和漢書約三万八千冊。書誌学上の貴重文献を多く含む。その収集は帝国大学の和田維四郎のアドバイスに沿って進められた。中国の宋代に刊行された「宋版」や元時代に出版された「元版」など漢籍の稀覯書が多い。

　岩崎文庫には地図も多いというので、一枚見せてもらった。一八一三年（文化十）の「高野山細見大絵図」で、高野山内の道や施設を詳細に描いている。「端っこの方に、書き足した部分がありますよ」と、篠木さんが教えてくれる。

　この他、個人が収集したコレクションとしては、井上準之助氏旧蔵和漢洋書、辻直四郎氏旧蔵サンスクリット語文献、榎一雄氏旧蔵和漢洋書、山本達郎氏旧蔵東南アジア和漢洋書などがある。いずれも東洋文庫を支えた人物だ。

　次に三階の書庫へ。ここには中国、朝鮮、ベトナムなど漢字文化圏の資料が収められている。中でも大きな場所を占めているのが、河口慧海旧蔵のチベット大蔵経だ。ここには、松田嘉久氏旧蔵タイ語文献もある。これが同館に収まるには、意外な

モリソン文庫のパンフレット

人物の関与があった。歴史研究者の石井米雄が、ベトナム戦争の取材で知られる岡村昭彦に東洋文庫にタイ語文献が少ないことを嘆いたところ、岡村がタイでキャバレーを経営していた松田を口説いて購入資金を寄付させたのだという（石井米雄「『松田文庫』とタイ研究の展開」、『友の会だより』第五号、二〇〇九）。

いつもながら、ひとつのコレクションが収まるまでにさまざまな人が関わっているのだと思う。

基礎を築いた石田幹之助

主任を務めた石田幹之助について、もう少し。

例の水浸し事件は、石田にとっては不幸なだけではなかった。それによって、モリソン文庫の本を一冊一冊手に取り、その特徴を覚える機会になったからだ。実際、石田は文庫の蔵書に精通しており、書庫の何階のどの棚になんという本があったかたちどころに答えたという（榎一雄「石田幹之助博士略伝」、『石田幹之助著作集』第四巻）。

その様は、石田自身が目にしたモリソンの様子と重なる。アジアの資料を収集した先達を尊敬した彼は「杜村《モリソン》」と号したという（『G．E．モリソンと近代東アジア』）。

石田は「ふさふさとした髪をオールバックにされていて、太い枠縁眼鏡そして端正な袴をつけた瀟洒な和服姿で、いつもななめに煙草を咥えてにこやかにお話をされていた」（白鳥芳郎「石田幹之助先生と私」、『石田幹之助著作集』第二巻月報）。彼はある海外の学者に「自分の会った図書館長のなかで第一の美男子」と評されたという（榎一雄『東洋文庫の六十年』東洋文庫）。

石田は日曜日にも東洋文庫に出かけ、仕事や読書をした。また、暇があれば書店に足を運んで資料を収集した。東洋文庫の分類の基をつくったのも、石田だという。

しかし、一九三四年（昭和九）、石田は東洋文庫を離れる。その理由は不明だ。石田にとって「東洋文庫を離れたことは、手足の一部をもぎとられたのに等しいことであったに違いない」（榎一雄「石田幹之助博士略伝」）。

その後の石田は、國學院大學、日本大学などで教鞭をとり、東方学会の理事長も務めた。一九六七年に日本学士院会員になるが、その理由の一つは東洋文庫の蔵書の基礎をつくったことにあったという。石田は一九七四年に亡くなる。

石田の蔵書は東洋文庫に寄贈され、牧野さんもその整理に関わっている。「手紙でもマッチ箱でもなんでも取ってあるので、整理が大変です」と苦笑する。数年後には公開される予定だ。

蔵書の疎開

中国から旅してきたモリソン文庫をもとにできた東洋文庫だが、その後、もうい

最初の閲覧室（提供：東洋文庫）

ちど本を移動せざるを得なかった。

戦時中の一九四五年（昭和二十）、東洋文庫の近くでも空襲があった。近隣にあった理化学研究所が標的とされたと云われる。四月十二日には書庫棟の屋根に焼夷弾が落ちたのを、必死に消火して無事だった（星斌夫「東洋文庫蔵書疎開雑記」、『アジア学の宝庫、東洋文庫　東洋学の史料と研究』勉誠出版）。

そこで蔵書の疎開が緊急の問題となる。東洋文庫での研究会に参加していた、中国社会経済史研究者の星斌夫《あやお》が、郷里である宮城県加美郡中新田町への疎開を提案。大半の書籍が宮城県に疎開される（一部は新潟県に発送される予定だったが、結局送られないままに終わった）。

物資が乏しい時期で、トラックや貨物の手配に苦心した。六月からやっと輸送が始まり、何度かに分けて駅に届いた。女学生の手で近くの民家に運び、そこから四キロ離れた場所と十六キロ離れた場所に運んだ。トラックやリヤカーが手配できず、ある時は小学校の児童百五十名に運んでもらったという。

最後の貨物が着いたのは八月七日だった。疎開の荷物は八つの倉庫に収納されていたが、戦後になっても返送計画が進まずに維持費がかかってしまう。結局、返送が始まったのは一九四九年二月だった。

アジアへの理解を高めるために

このようにして蔵書を守った東洋文庫だったが、戦後の財閥解体によって岩崎家の庇護を失い、東洋文庫は国立国会図書館の支部となる（二〇〇九年に支部契約終了）。一九八二年には敷地の一部を売却し、その処分代金を当てることで、本館と書庫一号棟を建築した。売却した敷地には現在、駒込警察署が建っている。

一方、蔵書は設立当時の約六万冊が、一九四九年には四十八万冊と増えていき、一九九五年には八十万冊に達した。

「二〇一一年にミュージアムができてからは展示に利用できるものを購入するようになりました。でも、ここにしかない本を購入するという方針はずっと変わっていません」と、牧野さんは話す。資料のデータベース化やデジタル化も進んでいる。

現在のかたちになる前、東洋文庫は利用者にはハードルが高いイメージがあった。東洋史に関する著書の多い春名徹は、こう書く。

「かつての東洋文庫は、青年にとってあまり居心地のよい場所ではなかったことも事実である。改築前の古い建物は風格があったが、入り口を入って右手の閲覧室に近代の英語の新聞などを読みに行くと、ヨーロッパ人の研究者が漢籍から眼をあげてじろっと上目づかいに人の様子を見たりする。（略）私たち学生はたいてい何人か連れ立って、勇気を奮い起こして閲覧室に入っていったものである」（『文庫漂流記』、『東

展示室（提供：東洋文庫）

京人』一九九四年十一月号）

それが二〇一一年のリニューアルによって、ミュージアムがオープンし、外に開かれた印象がある。カフェが併設されていることもあり、最近では若者の観覧も増えており、子ども向けのワークショップも行なう。

「マンガを入り口に展覧会を楽しんでもらおうと、J-CASTのサイトで『マンガでひらく歴史の扉』を連載しています」と、マンガ好きである篠木さんは嬉しそうに話す。たとえば、「フローラとファウナ」展に関して、イギリスのプラントハンター（植物採集家）を主人公にした『Fの密命』を紹介している。

展示部門が好調なのに対して、閲覧室の利用者は以前より減っている。これは東洋学を学ぶ若者が少なくなっているからだという。

「東洋学はアジアへの理解を高めるために必要な学問だということを、もっとアピールして、次の世代の研究者を育てなくてはという危機感があります」と牧野さんは語る。

東洋文庫は来年（二〇二四年）、創立百周年を迎える。それに合わせて、デジタル化、年史の刊行、記念展覧会など、さまざまな事業を準備中だ。

二度の大きな本の旅を経て、東洋文庫は国内最大で、世界でも五指に入る東洋学の図書館となった。そして、次の百年を見据えて、静かに変化を続けている。

取材を終えて、すぐ隣にある〈BOOKS青いカバ〉に立ち寄ると、やっぱりアジア関係の本を探してしまった。どうも影響を受けやすいのであった。

東洋文庫

〒113-0021
東京都文京区本駒込２丁目28-21

国立映画アーカイブ

個人コレクションをめぐるドラマ

二〇二三年四月十二日、ＪＲ東京駅には多くの人が行き交っていた。新型コロナウイルス禍まっただ中の頃に比べると、だいぶ人の流れが戻ってきたなと感じつつ、八重洲口に出る。信号の向こうに三月末で閉店した〈八重洲ブックセンター〉本店が見える。私が小学生の時、はじめて上京したときに真っ先に訪れた新刊書店だ。

がらんとした建物の横を通り、京橋の交差点へと向かう。この辺りもこの十数年で再開発のため、すっかり変わってしまった。その一角に二〇二〇年に休止した〈ＬＩＸＩＬギャラリー〉が入っていた建物がある。その二年前には品揃えにいつも唸らされた〈ＬＩＸＩＬブックギャラリー〉（元〈ＩＮＡＸブックギャラリー〉）が閉店している。

これらは、これから向かう〈国立映画アーカイブ〉で映画を観る前後に立ち寄っていた本屋だ。慣れ親しんだルートが成立しなくなると、町を歩くのもつまらなくなる。

そんなことを考えながら、国立映画アーカイブの入り口に到着する。昨日からスタートした「没後10年　映画監督　大島渚」の大きなシートが貼られている。ここが〈東京国立近代美術館フィルムセンター〉から現在の名前に変わってからもう五年経つのか。月日の流れは速い。

ノンフィルム資料の重要性

受付で会った教育・発信室の吉田夏生さんに案内され、四階の図書室に上がる。何度か来たことがあるが、ここの閲覧室はゆったりと広く落ち着く。

「コロナ禍以降、図書室の態勢も変わり、今は火・木・土の週三日開室になっています」と吉田さんが説明する。今日は休室日に取材させてもらうのだ（二〇二四年現在は火・木・金・土の週四日開室）。

出迎えてくれたのは、主任研究員の岡田秀則さん。映画フィルムを保存・運用するフィルム・アーカイビングの第一人者であり、『映画という《物体X》　フィルム・アーカイブの眼で見た映画』（立東舎）などの著書もある。

二〇一五年、フィルムセンター時代に映画書を一堂に集めた「シネマブックの秘

閲覧室

かな愉しみ」という展覧会を開催した際には、門外漢の私がなぜか岡田さんから指名されて、「私の好きな映画書」を選んだ（黒田信一『突撃！グフフ映画団』講談社文庫、冨田均『東京映画名所図鑑』平凡社、中山信如『古本屋「シネブック」漫歩』ワイズ出版の三冊だった）。

岡田さんは一九九六年に前身の東京国立近代美術館フィルムセンターに入り、二〇〇七年から展示・資料室の担当になった。

「つまり、ノンフィルム資料の担当ということですね」。ノンフィルムとはフィルム以外の関連資料を指す。

「単行本、雑誌、シナリオ、映画祭カタログ、映画パンフレットなど一般公開を前提とした文献類と、ポスター、スチル写真、映写機などの機材など特別資料に分かれます。この図書室では前者を所蔵しています」

映画史においてノンフィルム資料が重要であるのは、フィルム自体が散逸しやすいものだからだ。戦前の映画フィルムは可燃性でしばしば焼失した。また、映画会社は公開が終わったフィルムを廃棄処分にした。その結果、日本では「戦前の映画は一割も残っていない。専門家は四パーセントぐらいと推察する」（山根貞男『映画を追え　フィルムコレクター歴訪の旅』草思社）。

「ある映画がいつ公開されたか、あるいは検閲で切除され題名が判らないフィルムを特定する時など、さまざまな場面でノンフィルムの文献資料が裏付けになるんです」と岡田さんは云う。

松竹大谷図書館や早稲田大学演劇博物館でも映画書や雑誌を所蔵しているが、公的な映画専門の図書館は日本にここしかない。

図書室創設に関わった辻恭平

ここでざっとフィルムセンター＝国立映画アーカイブの沿革をたどっておく。

一九五二年、京橋の旧日活本社ビルに国立近代美術館（一九六七年に東京国立近代美術館となる）が開館。その事業のひとつとして〈フィルム・ライブラリー〉が発足し、上映会が開催される。

「最初は美術映画を上映し、翌年から劇映画を上映するようになりました。当初はフィルムをあまり収集できていません」と岡田さん。

一九六七年、終戦時GHQに接収され、アメリカ議会図書館に保管されていた日本映画約千三百本が返還され、フィルム・ライブラリーが受け入れ先になった（入江良郎「フィルムセンターの映画上映事業」、『東京国立近代美術館60年史』東京国立近代美術館）。

一九六九年には〈フィルムセンター〉が設置。東京国立近代美術館本館は竹橋の北の丸公園に移転し、京橋がフィルムセンターの本拠となる。翌年に開館し、上映活動を行なう。

一九八四年九月、フィルムセンター五階から出火し、外国映画フィルムの一部が焼失。その後、上映は竹橋の美術館講堂で行なわれた。大学生の時、私もここでハワード・ホークス監督の映画を観たが、狭い会場で立ち見だったことを覚えている。

「これ以前から、フィルム保存のために収蔵庫を持つ議論がされてきましたが、むしろ火事が世論を後押しし、そんな中で一九八六年に相模原分館が設立されました。空調などの管理のもと、映画フィルムや映画関連資料を収蔵しています。二〇一一年竣工の二つ目の保存棟には「映画文献資料室」もあります」

一九九五年には京橋に現在の建物が開館。数々の上映を行なってきた。そして前に触れたとおり、二〇一八年に国立映画アーカイブとなったのだ。

では、図書室はどの段階で設立されたのか。

「以前の建物だった一九七八年十一月ですね。一階にあって会議室と兼用だったと聞いています」。半開架式で、本はガラスのキャビネットに入っていたという。

ここで登場するのが、辻恭平という人物だ。辻は一九〇五年（明治三十八）、神戸生まれ。東宝の前身であるPCLに入社し、東宝や新東宝の事務畑で働き、岩波映画にも関わった。その傍ら、学生時代から映画の本を集めはじめた。

しかし、生活費の必要からフィルム・ライブラリー助成協議会（現・川喜多記念映画文化財団）に譲渡され、それが一九七七年にフィルムセンターに譲渡された。辻が集めた約千七百冊が、この図書室の基礎になったのだ。辻の旧蔵書の奥付には蔵書

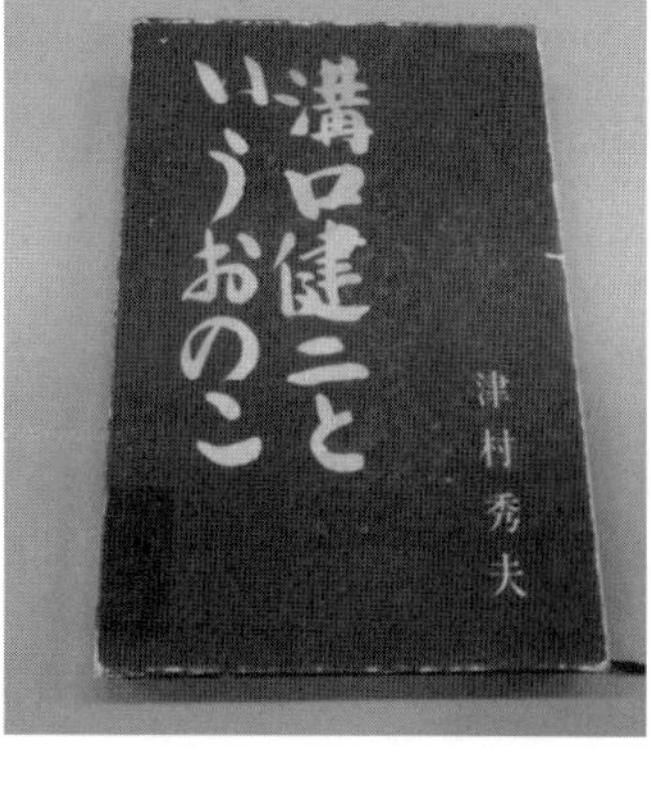

津村秀夫『溝口健二というおのこ』に記された辻恭平蔵書印と購入日（提供：国立映画アーカイブ）

印と購入日が記入されている。

しかも、辻は自ら図書室に通って図書の整理に携わった。辻はコレクションを手放した後で、映画書誌の執筆を思い立ち、一九六八年から調査を始めている。フィルムセンターの図書室に通うのは、書誌の調査のためでもあっただろう。

「最初に出た映画の書誌は、一九三七年（昭和十二）の山口竹美の『日本映畫書誌』（映画評論社）です。辻さんは自身の蔵書を手放さざるを得なかった代わりに、日本初の完全な映画書誌をつくろうとしたんです」と、映画史研究者の佐崎順昭《さざきよりあき》さんは話す。

早稲田大学大学院で映画史を専攻していた佐崎さんは、一九八七年頃からアルバイトとしてフィルムセンターの図書室で働く。そこで辻と出会う。

「辻さんは週に一回ぐらいのペースで通って、受け入れた本のカードを書いたり、集めるべき本をアドバイスされていました。利用者からの質問に答えることもありましたね」

辻は当時八十代で、優しくて紳士的な人だった。孫の世代に当たる佐崎さんにも丁寧に接した。

「その一方で、本の取り扱いには厳しかったです。雑に扱うと叱られました。本棚でも背表紙がピシッと揃うように並べていました。辻さんからは資料を大切にする姿勢を教わりました」

当時の図書室で利用者が閲覧できるのは書籍のみで、雑誌は内部資料扱いだった。

山口竹美『日本映畫書誌』

それに対して辻は「日本で唯一の映画専門図書館なんだから、雑誌や洋書も揃えるべきだ」と話していたという。

「いつも小さな黒い手帳を持って、見たことのない本をチェックされていました。足が悪かったので杖を突きながら、国会図書館や各地の図書館にも通われて調査されていました。その成果が一九八九年に刊行された『事典　映画の図書』（凱風社）です」

一九九五年、現在の建物が完成し、図書室は四階に入った。その際、資料の分類として辻が『事典　映画の図書』で考案した映画図書用十進分類表を採用した。

大分類として「0　書誌　事典　逐次刊行物　叢書、講座」「1　解説、観賞　概説、理論　評論、論集　随筆」「2　歴史　各国　伝記」「3　脚本　製作、演出　美術、音楽　演技」「4　記録　動画」「5　技術、撮影　音響、映写　建築」「6　産業　社史　営業」「7　政策　規制　社会」「8　教育　社会心理　大衆娯楽」「9　日本映画シナリオ・物語　外国映画シナリオ・物語」に分け、さらに中分類、小分類と分かれていく。

ざっと見た印象だが、映画書の実情に即した分類になっていて判りやすい。図書室でこの分類を採用したのも納得できる。

「これを採用したことを辻さんは喜んでくれました」と佐崎さんは語る。もっとも、新しくなった図書室に辻が通うことは少なくなり、一九九七年に亡くなった。

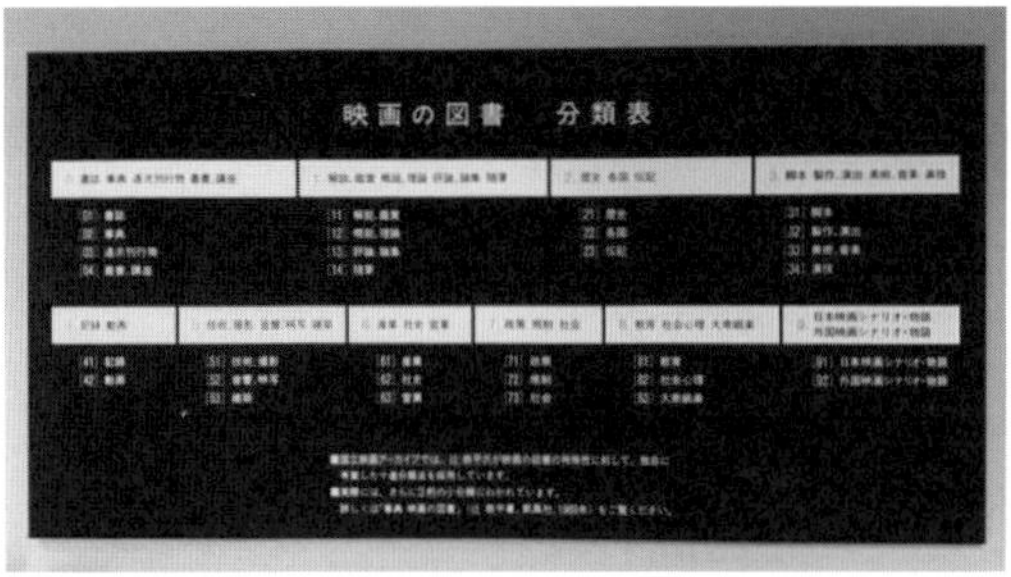

閲覧室に掲げられている「映画の図書　分類表」
（提供・国立映画アーカイブ）

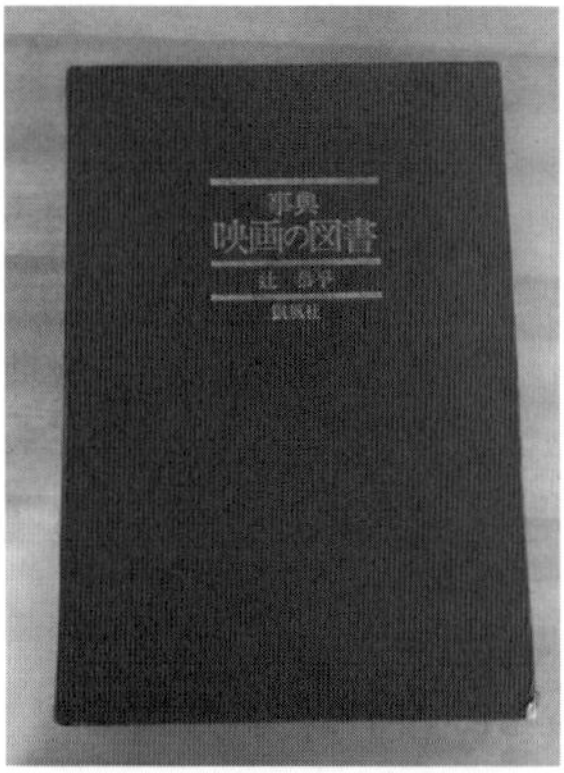

辻恭平の労作『事典　映画の図書』

雑誌、パンフレットと個人コレクション

図書室の現在の蔵書数は、図書が約五万三千八百冊。ここには単行本、映画祭カタログ、パンフレットが含まれる。雑誌は登録済みが約四万冊で、整理中のものや業界誌も多い。シナリオは約四万四千冊（その後さらに増加）。

それではいよいよ、書庫を見せていただこう。

事務室の隣に、集密書架が並んでいる。中央の通路を挟み、大雑把に、右側に映画雑誌、映画祭カタログ、シナリオ、パンフレットが並べられている。左側には館が購入してきた新刊書、その先には辻恭平を筆頭に個人が収集したコレクションが並べられている。

「現在、書庫の棚を移動中なんです」と説明するのは、司書の笹沼真理子さん。図書館に三人いる司書のひとりだ。たしかに、あちこちに移動を示す紙が貼られている。

取材ではいつものことだが、あまりの量にどこから見ていいかも判らない。たとえば、映画パンフレットの棚で一冊抜き出すと、渋谷〈ユーロスペース〉で一九八七年に上映したアレックス・コックス監督『レポマン』のパンフレットだった。この映画、観たなー。ここのパンフは縦長のサイズがよかったんだ。

「〈シネマスクエアとうきゅう〉とか〈シネマライズ渋谷〉とか、独自のパンフレットを出している映画館も多かったですよね」と、同世代の岡田さんと懐旧モードに

映画検閲や映画教育に関する本（辻恭平旧蔵図書）が並ぶ棚

入りそうになる。映画の話でノスタルジーに浸ると、時間はいくらあっても足りなくなる。

日本映画のシナリオは決定稿が揃っている。審査のために製作会社が映倫に提出したものが、映倫から寄贈されるそうだ。

「その前の段階のものや、最終的な完成稿も重要なので集めたいんですけどね」と岡田さん。パンフレットやシナリオも資料価値が高いので、寄贈を求めているという。

個人のコレクションとしては、辻恭平のほか、御園京平、雨夜全、吉田智恵男、松浦幸三、塚田嘉信らの収集家や萩昌弘などの映画評論家のものもある。

御園は稀代の映画資料収集家で、その〈みそのコレクション〉はポスター、雑誌、映画館プログラムなど膨大なものだ。なかでも貴重な雑誌は中性紙保存箱に収められている。荻昌弘は映画評論家で、寄贈されたのは洋書やパンフレットが多い。プレスシートは地下に別置されている。

雨夜全《あまやたもつ》は、戦前、文部省社会教育局の映画部で企画を担当する傍ら、映画雑誌を収集し、その目録をつくった。図書室には一九一六年（大正五）から一九四五年（昭和二十）にいたる五百八十種が寄贈された（佐崎順昭「日本映画雑誌研究資料（戦前）、雨夜全映画雑誌コレクション目録」、『東京国立近代美術館紀要』第三号、一九九一、第四号、一九九四）。

「お孫さんから「家を壊すので」とフィルムセンターに連絡をもらいました。「どんな雑誌があるんですか？」と訊くと、「活動の〜」とおっしゃるので驚きました。

森﨑東監督『女生きてます 盛り場渡り鳥』（1972）の決定稿

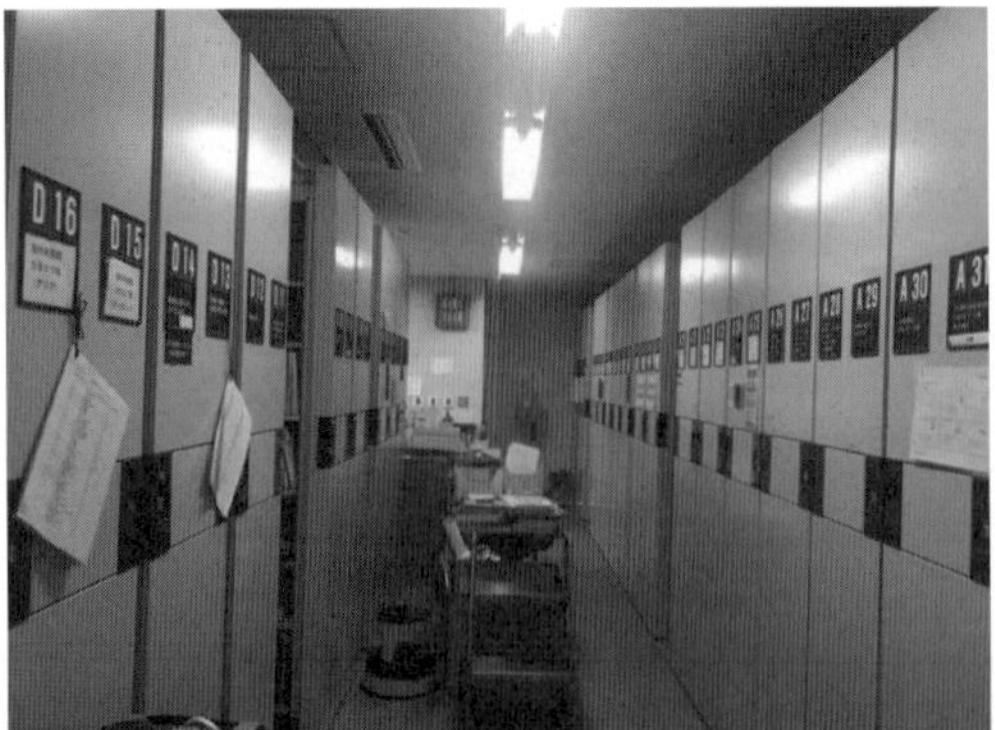

書庫の内部。本棚に資料の移動を示す表示が

下見に行くと、とてもきれいな状態でした」と、佐崎さんは振り返る。

雨夜は収集した雑誌を分類するためのカードまで印刷していた。その現物も残されている。

吉田智恵男は活動弁士についての著作があり、没後に雑誌などが譲渡される。自分の手で合本した状態で棚に並ぶ。よく見ると、その製本にはカレンダーの裏紙などが使用されている。

佐崎さんによると、吉田コレクションを受け入れた際に辻恭平に見せたところ、辻は完成間際の『事典　映画の図書』に付録として「吉田智恵男蔵書からの70」を追加したという。

最近の受け入れで大きいのは〈塚田嘉信コレクション〉で、今年三月に報告書が発行された。塚田は映画史研究家で、映画雑誌の創刊号目録などを刊行した。そのコレクションは搬入時には三百二十箱にのぼったという。

「資料の寄贈をしたいという方が突然受付にいらしたのですが、それが塚田さんの妹さんでした。塚田さんは一九九五年に亡くなったのですが、その後二十年間、資料を守っていらしたんです」と、岡田さんは云う。

先の報告書によると、妹さんはまず映画専門古書店に足を運んだが、「シャッターが閉じていたため、そのまま当館へのご来訪と相成った」という（岡田秀則「よみがえる塚田嘉信コレクション」、『映画史家・塚田嘉信　そのコレクションと業績』）。

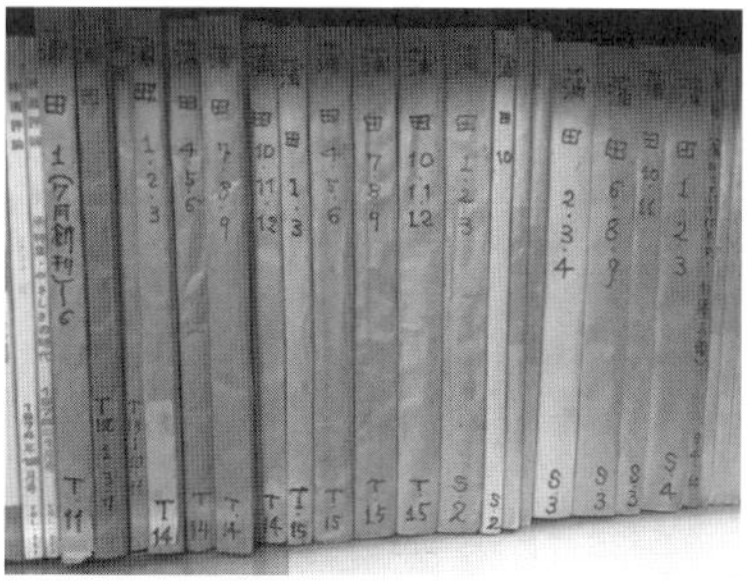

吉田智恵男旧蔵の『蒲田』

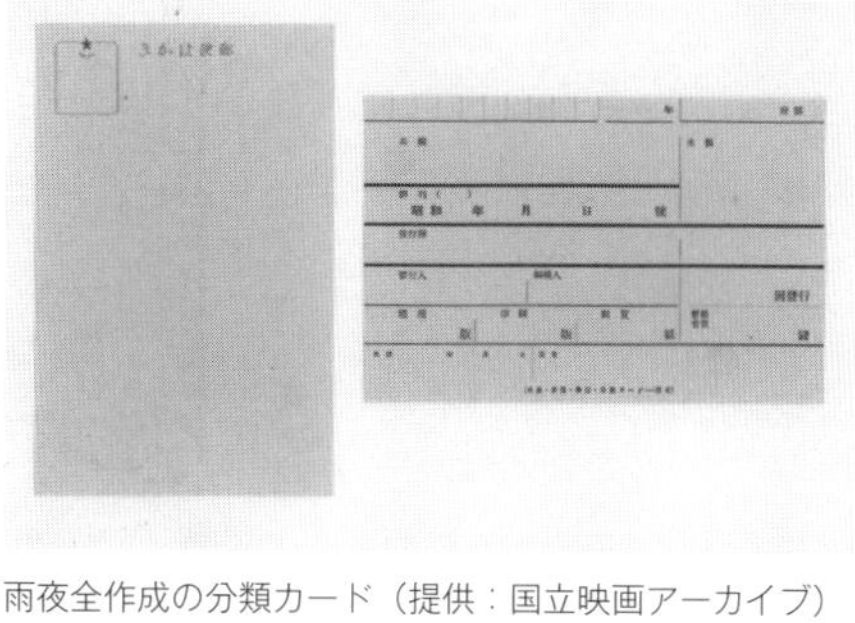

雨夜全作成の分類カード（提供：国立映画アーカイブ）

個人の蔵書が古書店を通じて、本の海に還流されることを、必ずしも悪いことだとは思わないが、このようにまとまって専門の資料館に受け入れられたことは互いにとってよかったと云えるだろう。

こうしてみると、同室が受け入れた個人コレクションの背後には、紙一重のタイミングで売却されたり、廃棄されたりした例が数多くあったのだろうと推測できる。ひとつひとつの受け入れにドラマがある。だからこそ、書庫に収まった資料を大事に保存し活用していかねばならないのだ。

古本屋と云えば、国立映画アーカイブには〈反町茂雄旧蔵・衣笠貞之助コレクション〉と呼ばれる資料が存在する。映画監督・衣笠貞之助の台本の原稿、写真、書簡や、大映作品のネガフィルムなど十一万点にのぼるものだ（入江良郎「反町茂雄コレクション、小亀家所蔵資料　衣笠貞之助生涯資料について」、『NFCニューズレター』第七十号、二〇〇六年十二月）。

古典籍一筋の反町茂雄と映画資料は何となく結びつかないが、「古書の入札会で40個以上ものダンボール箱に収められた大口資料」を「反町氏が米寿を迎えられた記念に私費を投じて購入」したという。反町はその資料を一九八九年にNHK放送文化研究所に寄贈。それが一九九八年にフィルムセンターに寄贈されたのだという。

長岡市中央図書館の項で触れたように、反町は故郷・長岡市の図書館にも大量の資料を寄贈している。古書業界だけでなく図書館・資料館にとっても恩人なのだ。

塚田嘉信『映画雑誌創刊号目録』大正篇、昭和篇、補遺篇

この衣笠貞之助コレクションは図書室ではなく、地下の収蔵庫に所蔵されている。「こういった個人資料は特別資料扱いです」と岡田さんは説明する。図書室では、破損や劣化した資料を補修する作業も行なっている。大きな修復は外注しており、取材時には『映画年鑑』の函や、『浪人街』のシナリオなどの修復資料があった。

現物を修復するとともに、資料のデジタル化も進められている。スチル写真や映画館の写真をデジタル化し、サイトで公開している。図書室では国会図書館が所蔵していないものも含めて、千三百五十七冊の映画雑誌を全ページデジタル化し、室内の端末で閲覧、印刷することができる。

増えていく資料の行方

図書室の利用者は、映画研究者、映画ファン、映画業界関係者が多い。「レファレンスの問い合わせも多いですね。調べるのに時間がかかるものもあり、出版物に使われる場合は間違えるとそれが後世まで残ってしまいます。映画と云っても時代もジャンルも幅広いので、網羅的に把握するのは大変です」と、司書の笹沼さんは云う。その調べがいかに役に立っているかは、多くの映画本の謝辞に同室の名前が挙げられていることでも判るだろう。

修復作業中の資料

映画ファンから自分が子どもの頃に観た映画について聞かれることも多く、利用者のあいまいな記憶を探って調べて特定の映画の資料を提供すると喜んでもらえるという。

笹沼さんは以前は別の専門図書館に勤務していたが、映画好きであることから、一九九八年、図書室の司書を公募した際に採用される。

資料の選書も担当し、新刊書店や古書店、古本市に足を運び、古書目録や古書組合のサイト「日本の古本屋」などもチェックして、購入希望のリストを作成する。雑誌の欠号を埋めるためにリストもつくっている。

「古本屋さんは親切に教えてくださいますね。この図書室にあるべきだと思って、資料によっては優先的にお声をかけてくださる店主さんもいます」

最近では神保町の古本屋から連絡をもらい、『キネマ旬報』の創刊号から第五十一号までを入手した。「初期の号は塚田嘉信さんでも揃えられなかったレアなもので、まとまって出たのは戦後はじめてだと聞きました」と、岡田さんも嬉しそうだ。

長年、探しているうちに笹沼さんは、映画本の相場やレア本を見つけるスキルが成長。いまでは、本屋の棚を見ると、図書室が所蔵していない本がすぐ判るというからすごい。

「映画本は、地方で出版されている本や個人が発行している本も多いです。それらを見つけて、購入することも心がけています」と笹沼さん。

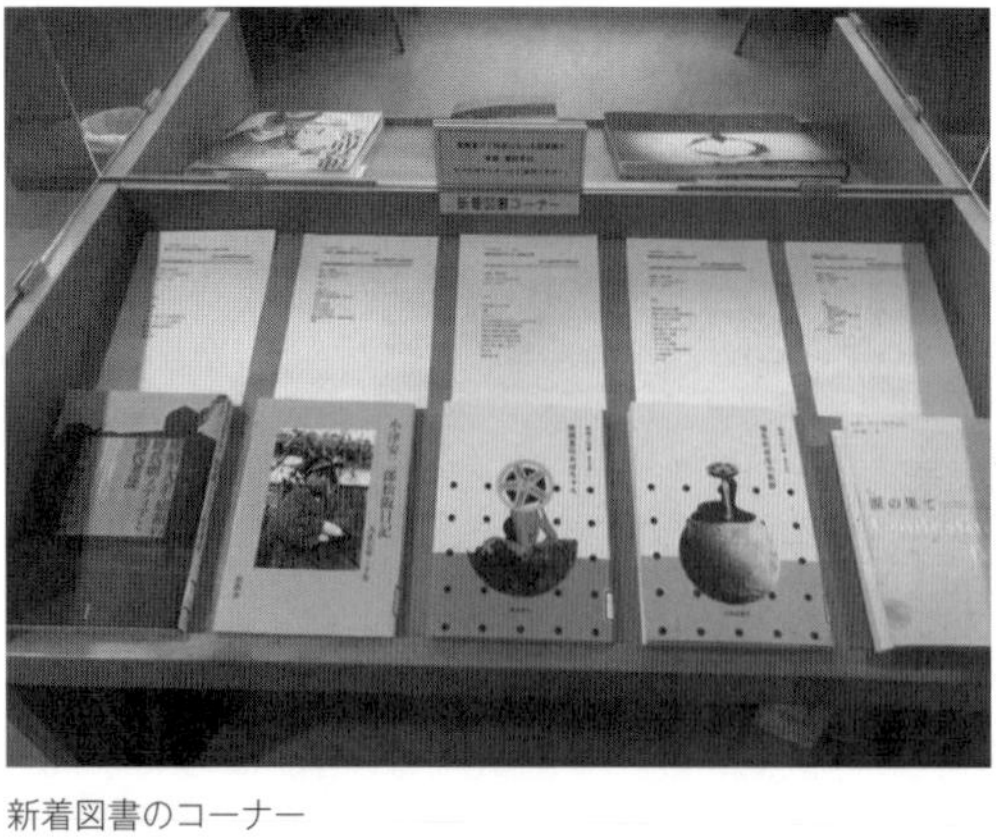

新着図書のコーナー

有田嘉伸『地方映画書探訪』

その中には、広島在住の映画史家・有田嘉伸さんが地方で刊行された映画本を集め、二〇〇一年に刊行した『地方映画書探訪』（レタープレス）のような労作がある。

これらの本は、閲覧室に最近入った本のコーナーを設けるとともに、国立映画アーカイブのツイッター（現・X）でも紹介しているので要チェックだ。

「二〇〇〇年代以降、映画雑誌は減ってきていますが、映画本の出版は充実しています。映画史の振り返りの時期なんでしょうね」と岡田さんは云う。

また、映画書を収集した人が亡くなるなどで、資料を寄贈したいという声も増えているという。

「いまある書庫はもう満杯に近いので、当室で所蔵しているものは、他の図書館を紹介することもしています。でも、できれば個人が収集したときの状態で、バラバラにせずに受け入れたい気持ちがあります」と、笹沼さんは複雑な胸の内を語る。

二〇一〇年、フィルムセンターは各地の映画資料を所蔵する機関を紹介する『全国映画資料館録』を発行。その後も改訂版を出している。

「国立映画アーカイブは自身で資料を収集するとともに、国内のさまざまな機関の資料の所蔵状況について把握し、ネットワークをつくる役割があります」と、岡田さんは話す。

デジタル化やネットワーク化によって、今後増えていく資料がいいかたちで保存・活用されていってほしい。

夏川静江『私のスタヂオ生活』１～４巻

小津安二郎が装丁した２冊

取材を終え、人気のない閲覧室で書庫から出してもらった映画本を手に取る。女優・夏川静江の『私のスタヂオ生活』(矢来書房ほか)、小津安二郎が装丁した岸松雄『日本映画様式考』(河出書房)と筈見恒夫『映画の傳統』(青山書院)など。

佐崎さんによると、夏川の本は辻恭平の旧蔵書。「何かのパーティの折、辻先生が夏川さんにお話しになり、夏川さんも揃いでは持っていないので、大変喜ばれたとのことです」と佐崎さんは証言する。

眺めているうちに、古い映画が観たくなった。近いうちに名画座に行こう。

国立映画アーカイブ
〒104-0031
東京都中央区京橋3丁目7-6
TEL：050-5541-8600
(ハローダイヤル／9：00～20：00)

草森紳一蔵書

草森さんの本は川を渡って

二〇二三年六月十八日の朝、私は帯広駅前のベンチにいた。今朝までいた釧路に比べると、ちょっと涼しい。

しばらく待つと、吉田眞弓さんが車で迎えに来てくださる。帯広大谷短期大学の副学長で附属図書館の館長でもある。

取材の段取りを話しているうちに、車は十勝川に架かる大きな橋に差しかかった。

「十勝大橋です。ここから先は音更町《おとふけ》です」と、吉田さんが話す。

この地を訪れた目的は、評論家の草森紳一さんの蔵書を取材することだ。草森さんの実家はこの橋を渡ってすぐのところにある。その敷地には、自身が建てた〈任梟盧《にんきょうろ》〉という書庫がある。また、没後に残された蔵書を受け入れた帯広大谷短

期大学も、音更町にある。

しかし、私の記憶では、草森さんの著書で「音更町」という単語を目にしたことがない。

付き合いのあった編集者・椎根和さんもこう書く。

「ぼくは本の著者経歴などから草森さんは帯広出身、つまりそこで生まれたものだと思いこんでいた。何回か故郷の話をしたが、音更という名はでてこなかった。音更といっても帯広から支線で…と、説明しなければわからないだろうし、面倒だ。帯広と言えば、たいていの人は、アアーと反応するだろうと考えていたにちがいない」

（「本が呼ぶ」、『草森紳一が、いた。　友人と仕事仲間たちによる回想集』草森紳一回想集を作る会）

実際、草森さんは帯広柏葉高校に通い、本屋や映画館に入りびたった。音更町よりも帯広の方に多くの思い出が残っていたのかもしれない。

これから二日間、私はこの橋を何度も渡ることになる。そのたびに、自転車なのか歩きなのか、橋を渡って帯広に向かう草森少年の姿を思い浮かべた。

そして、永代橋の袂、門前仲町のマンションで草森さんが亡くなり、残された蔵書が音更町にたどり着いた経緯を思うと、何万冊もの本が川を渡るイメージが頭から離れなかった。

草森紳一の著作や執筆掲載資料が並ぶ棚

本の山に埋もれて生きた人

草森紳一は一九三八年（昭和十三）、北海道河東郡音更村生まれ。慶應義塾大学文学部中国文学科卒業後、編集者を経て、物書き（自身の表現）となる。

その範囲は多岐にわたり、自らがつかんだテーマをひたすら掘り進んだ。著作からキーワードを挙げれば、ナンセンス、李賀、円、子供、マンガ、江戸のデザイン、イラストレーション、土方歳三、ナチス、アンリ・ルッソー、オフィス、麻雀、写真、書、食客、穴、フランク・ロイド・ライト、中国文化大革命……などとなる。

本屋でも図書館でも、同じ棚に収まらないテーマばかりだ。私は大学二年でその名前を知り、古本屋で著作を集めはじめたが、「こんな本も書いてるのか！」という驚きの連続だった。『絶対の宣伝　ナチス・プロパガンダ』全四巻（番町書房）のうち、なぜか第三巻だけが一向に見当たらず、二十年近く経って入手できたときは嬉しかった。

その後、小さな出版社にいたとき、草森さんから本を注文する電話があった。どんな人か会ってみたくて、直接持参することにした。門前仲町にあった（いまもある）〈東亜〉という喫茶店の二階で会った草森さんは、ひょろ長い白髪の人だった。年譜を見ると、当時五十七歳。いまの私とほぼ同年齢であることに驚く。私は二十八歳だった。

古本好きということで気に入ってもらえたのか、その後も何度かお会いする機会があった。一九九八年、『季刊・本とコンピュータ』第一期第五号で「「新聞題字」蒐集狂」というエッセイを書いていただいた。締め切りをかなり過ぎてから受け取った原稿を、なんとか解読してゲラにし校正を送ったら、電話で著者校正をすることになった。わずか五枚の文章が一行ごとに真っ黒になり、二時間を超える電話に気を失いそうになった。しかし出来上がった文章は、原稿から格段に面白くなっていた。

草森さんは二〇〇八年三月に七十歳で亡くなる。

その三年前に刊行した『随筆　本が崩れる』（文春新書、現在は中公文庫）は、部屋に林立する本が崩れたことで、風呂場に閉じ込められた事件を描いたものだ。当時の部屋の状況はこうだった。

「長い廊下は、入って右側へ本棚を並べたので、狭くなっていたが、さして歩くのに困らなかった。ところが大きな資料ものの仕事が、好運にもかさなったため、廊下の本棚の前へも積み上げる書物が何段にも重畳しだした。あいていた左側の壁もつぶしはじめる。廊下も、かろうじて通れるかどうかの狭い小道となっていった」

草森さんはこの本の山に埋もれるようにして亡くなり、連絡が付かなくなったことを心配した編集者によって発見される。

『本が崩れる』のゲラや生資料の展示

残された本をどうするか

草森さんは一生結婚しなかったが、二人の遺児がいた。その一人の母親である編集者の東海晴美さんが中心となり、草森さんの蔵書を整理し、寄贈先を探す目的で「草森紳一蔵書整理プロジェクト」がはじまった。

「本にはそれを書かざるを得なかった人の思いがこもっています。草森さんは本を通じて、時代を超えた著者たちと対話していた気がするんです。草森さんの死は、人と書物のターニングポイントで起きた事件のように思えました。それで子どもたちと相談して、できれば残そうということになったんです」と、東海さんは話す。

整理にあたっては、マンションにある本の位置をざっと六つに色分けし、それぞれを箱詰めした。印刷会社の紹介で借りた高島平のだだっ広い倉庫に蔵書を移し、六月から整理作業をはじめる。

草森さんの担当者だった編集者で、漢和辞典編集者である円満字二郎さんと、編集・翻訳者の中森拓也さんが中心となり、すべての本をジャンルに分け、箱に詰めなおす作業を行なった。「倉庫のパレット（荷台）が作業台代わりでした」と東海さん。

秋からは、本のデータ（タイトル、著者、出版社、刊行年）を入力する作業を半年以上かけて行なった。その結果、総冊数は三万千六百十八冊と判明した。段ボール箱で七百三十一箱にもなる。参加したボランティアはのべ三百名にのぼった。

私は整理が一段落した頃に、この倉庫を訪れている。積み上げられた箱が圧巻だった。この倉庫は荒川に面していた。川を眺めていると、この場所に草森さんの蔵書があるのは偶然ではなく、永代橋の袂から隅田川を渡って、ここまで流れ着いたのではないかという空想が頭をよぎった。

蔵書整理を進めながら、みんなで受け入れ先の可能性を探った。いくつか候補はあったが、なかなか実現しなかった。

二〇〇九年、当時、帯広市図書館の館長だった吉田さんの元にも、東海さんから手紙が届いた。しかし、同館では三万冊を受け入れる余裕はなかった。

「それで帯広大谷短期大学の田中厚一先生（前・学長）に相談したんです。田中先生が中川皓三郎学長と話し合ってくださいました」と吉田さん。同短大は一九六〇年に帯広市で開学し、一九八八年に音更町に移転している。

田中さんが学内の合意を取り付け、短大内に〈草森紳一記念資料室〉を設置し、学外に保管場所を確保するという体制をつくった。

二〇〇九年十一月、音更町のオサルシ公民館（元は長流枝小学校）に蔵書が到着する。しかし、ここは安住の地ではなく、翌年、廃校になったばかりでより広い東中音更小学校に移動された。同校での維持費用は音更町が負担することになった。

そして、二〇一〇年十一月、草森紳一記念資料室がオープン。椎根和さんの講演「真の知の巨人」などが開催された。

電話、ティーカップなどの遺品

こうして、草森さんの蔵書は故郷の音更町に戻ったのだ。これは奇跡に近い。ジャンル越境という点で共通する植草甚一(名前も一文字共通している)の蔵書は、死後、古本市場に流れていった。研究者や文学者でない市井の物書きが集めた膨大かつ雑多な蔵書を一括して受け入れる機関など、まず存在しない。草森さんの蔵書も、同じ運命をたどってもおかしくはないはずだった。

なお、亡くなるまで執筆を続けた副島種臣に関する資料は、副島の出身地である佐賀県立博物館・美術館に寄贈された。

仕事の過程を展示する資料室

草森紳一記念資料室は、校舎の四階にある。同館を担当する加藤賢子さんが出迎えてくれた。

壁の棚の右側には、マンガが並べられている。あとで見るように、音更町では「草森紳一蔵書プロジェクト」として、ボランティアが蔵書の整理にあたっている。そのチームで最初に行なったのが、マンガの目録化だった。

マンガは、草森さんにとって物書きとしての出発点であり、ずっと関心を持ち続けたテーマだった。

「昨年、吐血以来、したたかマンガに凝っており、おそらく五〇〇冊以上は読破した、

蔵書のマンガが並ぶ棚

と思う。もっぱら「ブックオフ」にはまって、二日に一度は通い、そのたびに「一〇五円」コーナーで、一〇冊以上は買いこむ」と、晩年に書いている（『記憶のちぎれ雲　我が半自叙伝』本の雑誌社）。

左側には、草森さんの著書や執筆した雑誌などが並べられている。

反対側のガラスケースには、生原稿やびっしりと手が入ったゲラを展示。取材時には『本が崩れる』の一部が展示されていた。また、愛用の黒電話や灰皿などの遺品もある。

吉田さんは二〇一三年に同短大に移り、この資料室の担当となった。

「本のほとんどは旧東中音更小学校にあります。この資料室では、草森さんの仕事の過程が判るような資料を展示しています」

また、原稿、写真や記事のスクラップブック、手紙、手帳などの資料も所蔵している。

草森さんはつねにコンパクトカメラを持ち歩き、写真を撮っていた。それらは一万枚以上あり、年ごとや「穴」「水に浮くもの」「自転車」「看板」など独自のテーマで、アルバムや箱にまとめられていた。

二〇二二年と今年、同短大と蔵書プロジェクトの主催で、帯広市図書館と音更町図書館で「草森紳一写真展」を開催した（これとは別に蔵書の展示も行なっている）。「いずれは全点をデジタル化して、データベースにしたいですね」と、加藤さんは話す。

また、毎年の手帳には簡潔に、会う人の名前などが記されている。一九九八年の

テーマごとに分類されたアルバムと写真の一部

記述を見ると、四月のところに「河上」(私の本名)とあり、翌月に「コンピュータ　シメ」とある。『季刊・本とコンピュータ』の締め切り日のことだろう。

加藤さんによれば、草森さん宛の手紙の中には、日本近代文学館とのやり取りが何通もあり、そこには「コピー代1万5000円」などと記されていた。草森さんの資料集めへの情熱を感じたという。

廃校になった小学校を書庫に

もっとこの部屋で資料を見ていたいが、そうもしていられない。次に旧東中音更小学校へと向かう。

同校は二〇一〇年に廃校となり、同年八月に草森さんの蔵書を受け入れた。中に入ると、複数の教室に整然と棚が並び、三万冊の本が収められている。その姿は壮観だ。同時に、草森さんが集めた本なのに、自身はこのように一望したことが一度もないと思うと、複雑な気持ちになる。

この本棚は、短大で不要になった古い書棚を持って来たもので、さらに不足の分は東京の草森プロジェクトから寄贈を受けたそうだ。

本は東京でざっとジャンル別に箱詰めされている。まず、一箱をひとつの棚に詰めていった。

旧東中音更小学校外観

1995年から98年までの手帳

長年関心を抱いた「穴」に関する本が並ぶ棚には、『ザ・穴場』『鍵師』『穴の考古学』『中国現代化の落とし穴』『パンツの穴』などが並ぶ。公共図書館では絶対に隣になることのない本が一緒になっているのが、個人蔵書の魅力だ。もちろん、書き込みや付箋もそのまま残されている。

棚を眺めているうちに、ボランティアの方々が八名も集まってくださった。「草森紳一蔵書プロジェクト」として活動しているみなさんだ。

二〇一〇年二月、帯広大谷短大のオープンカレッジで、東京の蔵書整理プロジェクトを推進した円満字二郎さんが講演を行なった。同年十一月、資料室開設記念の講演の際、蔵書整理のボランティアを募集。そこで集まった人たちが、翌年四月から作業に入る。

「本棚に本を並べ終えたあと、東京で作成した目録と一冊ずつ照合しました」と、代表の木幡裕人さんは振り返る。木幡さんは一九八〇年代、編集者として草森さんと仕事をしたことがあるそうだ（木幡さんは取材の翌月に急逝された）。

北村光明さんは地元紙で草森さんの死を知り、参加した。内田美佐子さんは音更町文化協会の『文芸おとふけ』の編集長でもある。同誌では五十二号（二〇二〇年）、五十三号（二〇二一年）と二度にわたり草森紳一特集を組んでいる（五十三号には高山雅信「草森紳一蔵書整理プロジェクトの活動の歩み」を掲載）。阿部光江さん、能手真佐子さんは内田さんに誘われて参加。廣川優利さんは昨年の音更町図書館の写真展を見て

初めて一望できるようになった３万冊の蔵書

「穴」と「たばこ」の本が並ぶ棚

参加した。

吉田さんが短大に着任してからは、草森さんの書き込みや付箋の情報までを網羅した目録を作成することになった。パソコンへの入力を担当する平良則さんは、「書かれた文字で人柄が判りますね」と話す。

月に一回の作業では、棚の本をテーブルに運んで、話しながら行なう。「おしゃべりしながら作業するのが楽しいです」と、加藤香代子さんは笑う。

二〇一六年に創刊した『草森紳一蔵書プロジェクト通信』では、草森作品の紹介や会員からの一言、実弟の草森英二さん（二〇一九年逝去）の連載などを掲載。現在も発行している。

プロジェクトは、メンバーが入れ替わりながらも、十三年も続いている。草森紳一という名前を知らずに参加した人も、いまでは愛読者になっているというのがいい。

作成した目録は、順次、帯広大谷短大のサイトで公開。和書については、今年中に入力が終わる見込み。「洋書や中国書については、まだこれからです」と吉田さんは話す（二〇二四年五月で、蔵書目録作成を完了した。今後は写真、手紙、原稿などの整理を行なう予定だ）。

整理を進めるうちに、吉田さんが気づいたのは、「ダブっている本が少ない」ということだ。本好きにありがちなのは、買ったはずなのに見つからず、何度も同じ本を買ってしまうこと。私自身もそういう愚行を繰り返している。しかし、草森さ

草森紳一蔵書プロジェクトの皆さん

んの蔵書にはそれが少ないのだという。

とすれば、マンションに林立する本の一冊一冊の場所までも覚えていたのだろうか？　まさか。でも、草森さんならありえただろうか。

本と人の縁の不思議

ここでまた、個人的な思い出に戻ることを許してほしい。

二〇一一年八月、当時は茅場町にあった〈森岡書店〉で「本は崩れず　草森紳一写真展」が開催された。私は東海さんからお声がけいただき、草森さんの親友だった『話の特集』発行人の矢崎泰久さん（二〇二二年逝去）とトークを行なった。

壁に貼られた写真を見て、思わず声をあげた。草森さんの部屋の中に積み上がった本を撮った写真の一枚に、一九九八年に私が出した『日記日和』というミニコミの表紙が写っていたのだ。草森さんに差し上げたことはすっかり忘れていた。

写真の日付は、そのミニコミの発行からずっと後だった。その時期に本の山の一番上にこの片片たるミニコミが置かれ、それを草森さんが写真に撮り、それがいま、私の目に入ることは奇跡に近い。

それから十二年。ひょっとして、いまここに並んでいる蔵書の中に、アレがあるのではないか。

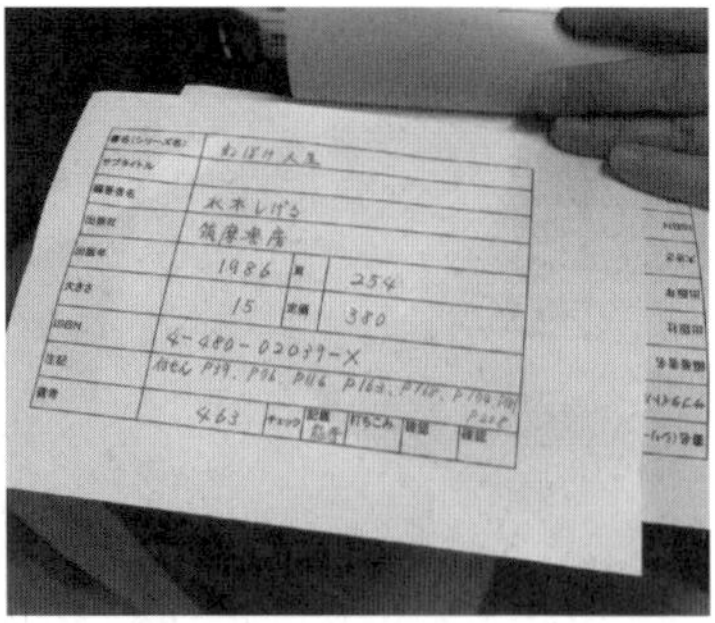

目録に記載する書誌情報のカード

自身のミニコミと12年ぶりの邂逅

和書については大ざっぱにテーマ別になっているが、雑誌については無原則に並べられている。これでは見つけるのは無理だろう。半ばあきらめながら、棚を眺めていった。

十五分ぐらい経ったころだろうか、歴史雑誌が並ぶ一角に、一冊だけ背に文字の入っていない冊子があった。すっと抜き出してみると、まさに『日記日和』ではないか！

中を開くと、ワープロ打ちの送り状と封筒までが挟まっていた。以前、日本近代文学館の書庫で見つけた、曾根博義さんに贈った私の本で、まったく同じ体験をしたことを思い出す。

草森さんはこのミニコミをきっと読んでなかったと思う。もちろん、それでいい。でも、草森さんがこうして残してくれ、それを没後十五年経って私が確認できた。そのことに、本と人が織りなす書庫の縁の不思議さを感じるのだ。

白い塔の書庫

その翌日、私はふたたび音更町にいた。

十勝大橋を渡ってすぐ、東側の木野地区にある、草森さんが生前に建てた書庫〈任梟盧〉を見学するためだ。

佐藤利男さん（右）と宗像教全さん（左）

案内してくれたのは、「任梟盧ブッククラブ」の佐藤利男さんと宗像教全さん。お二人とは前夜に、帯広の焼き肉店〈平和園〉で会っている。任梟盧で活動している六人と、東京から見学に来た三人、そして私で会食したのだ。

同席した地元組の吉田政勝さんは、生前の草森さんと交流があった方だ。

「帰省のたびに草森さんは喫茶「川」に寄りました。気の置けない同級生のマスター、及川さんと語り、うまいコーヒーを飲みながら故郷の街に着きひとときの安寧に浸ったのでしょう。私が「川」に顔を出すと「草森が来ているよ」とマスターが声をかけてくれ、やがて草森さんの執筆が一段落すると、会うようになりました」（「ふるさとでの草森紳一さん」、『草森紳一が、いた。』）

〈川〉は正式には〈珈琲と音楽　川〉で、帯広にあった。マスターの及川裕さんは帯広柏葉高校の草森の同級生だった。

「草森が帰ってきた時は、いつも「川」で原稿を書き、大きい益子の灰皿はすぐ両切ピースが山のようになったものだ。広辞苑、角川漢和辞典は店の備品だったが、彼が一番利用してくれた」（「草森紳一との時間」、『草森紳一が、いた。』）

東京から参加した方々も、それぞれ草森さんとの縁が深く、興味ぶかくみなさんの話を聞いているうちに夜は更けていった。

草森紳一の実家の敷地にある任梟盧は、高さ九メートルの白い塔だ。周りに一般の住宅が並んでいるので、かなり唐突で異様な建物に見える。

任梟盧の外観

任梟盧の入り口。上部に扁額が掛かっている

草森さんは増えた本を実家に送っていた。不要と判断した本のはずだったが、それが必要になってくる。

「送り返して貰うには、量が多すぎ、そこで、のこのこ北海道まで出かけていかねばならぬ。原稿料の十倍の費用をかけて、仕事をしに出かけていくというマンガを演じることになる」と、「白い書庫　顕と虚」（中公文庫版『随筆　本が崩れる』に収録）で書いている。

これは私には痛いほど判る。二十代の頃、私も増えた本を実家に送っていた。一時は、一か月に何箱も送っていたうえに、帰省した時にそこから抜き出した本をまた東京に送るという愚行を繰り返していた。結局は、宅配便の費用がかさんで止めてしまった。

そして、草森さんは「本をたくさん持ってますぞといわんばかりの恥ずかしい存在」である書庫を、建てるはめに陥ったのだ。

一九七七年に竣工。設計者は建築家の山下和正。「小さな家のなかに目一杯本が入るようにと考え、二間角の三階建ての大きさのボリュームを構造用に用いる合板のサイズから決め、その壁面を全部本棚とした。いわば「本のサイロ」である」と、山下はコメントしている（『別冊新建築　山下和正』一九八一年九月）。工費は予定より増えて四百万円になった。

中に入ると、たしかに天井まで壁面が本棚になっていて、それに沿うようにらせ

ミニ書斎

本棚と階段

ん状に階段がある。各階（実際には◎階と決めにくいのだが）の床の面積は狭く、人よりも本が主役になっている。

入ってすぐのところに、小さなテーブルが置かれている。

一階と二階には横に小部屋がある。二階の洋間には机が置かれていて、小さな書斎になっている。「草森さんはここで本を読んだり、原稿を書いたりしたようです」と、佐藤さんは話す。

一階和室の入り口上部には、和田誠がデザインした「草」と「森」のマークが掲げられている。草森さんは帰省したときに、ここで寝泊まりしていたらしい。

どこを見ても本でぎっしりだが、空いた場所には交流のあった井上洋介、片山健らの絵や横尾忠則のポスターが飾られていて、目を楽しませる。玄関にかかっている扁額も、井上さんの手になるものだという。

ところで、「任梟盧」とはどういう意味だろう？

草森さんの弟で、実家を継いだ草森英二さんは、こう書く。

「ある時、兄に任梟盧の意味をたずねると、「勝手にしやがれ」といった意味かなと一蹴された」

その後、地元の情報誌に載ったインタビューで草森さんが述べたところによると、任梟盧は「生涯をかけて研究して来た中唐の詩人鬼才李賀の詩の一部をとったとのことだ。梟盧とは賽の目（サイコロ）のことで、サイコロ任せ、なるようにしかならぬ、

和田誠デザインのマーク

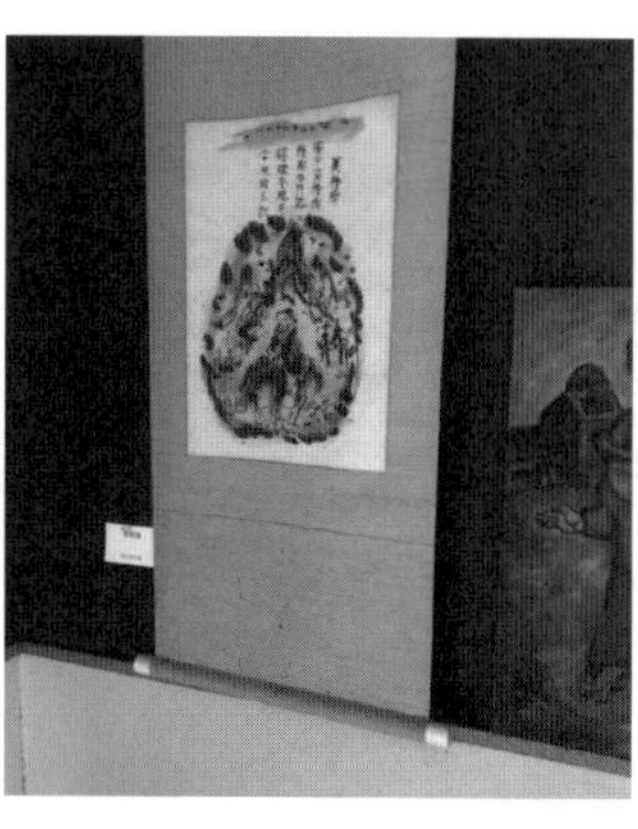

井上洋介が描いた李賀の絵

勝手にしやがれといった意味らしい」という（「任梟盧」、『草森紳一が、いた。』）。

任梟盧のテーブルには、荷物の中から佐藤さんが見つけたという正十二面体のサイコロが、草森さんが愛飲したピースの空き缶に入っていた。

頭の中を反映した本棚

最上階からゆっくりと棚を見渡す。

私の印象で、ジャンルやテーマを書き出すと、こうなる。

中国、デザイン、イラスト、歴史、マンガ、ナチスドイツ、日本史、新選組、文学、ユートピア、内田百閒、漢詩、奥野信太郎、二・二六事件、民俗学、泉鏡花、島尾敏雄、野球、やくざ、ＵＦＯ、オカルト、古代文明、詩、美術、麻雀、ミステリー、ＳＦ、ジャズ、北海道……。

ここに収まっている本は、この書庫ができた一九七七年以前に入手されたものが主になっているはずだ。そうすると、『マンガ考』『ナンセンスの練習』『江戸のデザイン』『子供の場所』『イラストレーション　地球を刺青する』あたりは、この蔵書をもとに書かれたのだろう。

しかし、一九七九年に完結した『絶対の宣伝　ナチス・プロパガンダ』全四巻の場合はどうなのか。同書で参照されただろうナチスドイツに関する本は、研究書から小

正12面体のサイコロ

古代文明やオカルト関係が並ぶ棚

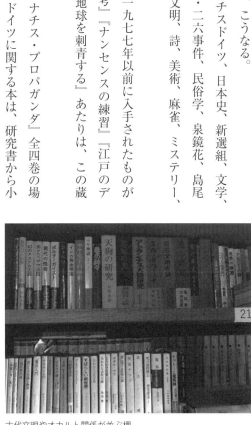

説まで、多数並んでいる。あとで佐藤さんに検索してもらうと、少なくとも六百冊以上はあるそうだ。草森さんは任梟盧完成時にここに入れた本を参照するたびに、わざわざ帰省したのか？　それとも全巻の原稿を書き終えてから、本を送ったのか？

ただ、私が見る限り、任梟盧に本を並べたのは草森さん本人で、他の人が並べたとは思えない。彼自身の頭の中を反映した並べ方になっているのだ。

草森さんは高校を卒業して、故郷を離れる際に、弟の英二さんに「俺はエゴイストだ。親の面倒はみない。一生独身で結婚しない」と宣言したという（「兄紳一のこと」第一回、『草森紳一蔵書プロジェクト通信』第一号、二〇一六年五月）。

実際、その後は東京で自分の世界に没入し、実家に帰ることは少なかったようだ。それが、任梟盧ができてからは帰省する頻度が増えた。「草森さんの母親のお見舞いもかねていたように思います」と、吉田政勝さんは推測する（「ふるさとでの草森紳一さん」、『草森紳一が、いた。』）。

しかし、一九八四年に母のマスエが亡くなり、一九八九年に父の義経が亡くなったあとは、故郷に帰ることはなかった。

任梟盧の本棚を見渡したところ、新刊では一九八五年に「週刊本」シリーズで出た磯崎新『ポスト・モダン原論』が見つかった。持参したにしろ、送ったにしろ、そのころが草森さん自身が任梟盧に関わった最後の時期だったのだろう。

『絶対の宣伝』に話を戻せば、この仕事の資料について、草森さんはこう語ってい

井伏鱒二『一路平安』

ナチスドイツ関係の本が並ぶ棚

る（『随筆　本が崩れる』）。

「むかし、ナチスの宣伝に興味を抱き、四冊の本にまとめたが、終ってみると、やはり数千冊になった。切りがないのであきらめたから、これでとどまったともいえる」

任梟盧のナチス関係が六百冊程度とすれば、その他の本は東京の自宅で所持していたのだろうか。しかし、帯広大谷短大の吉田眞弓さんに調べてもらうと、ナチスドイツ関係は百冊以下のようだ。

草森さんは蔵書を古本屋に売ったことはないと、何度も書いている。そうなると、二つの書庫に入っていないナチスドイツ関係の本がどこかに存在するのだろうか？

縁のある本や書いた雑誌

ここに並ぶ本について、自身が文章で触れているものもある。

たとえば、井伏鱒二の『一路平安』（今日の問題社）は、草森さんが編集者だった時代に、伊丹十三から借りたものだった。

「よければお持ちになってもかまいませんよ」と云われて借りたが、「お返しする間もなく、退社してしまったので、今も借りたまま北海道の書庫の中に眠っている」（『記憶のちぎれ雲　我が半自叙伝』）。

同書には、フランシス・ベーコンの「一ヵ月間の給料がふっとんでしまうほど、

フランシス・ベーコンの画集を示す佐藤さん

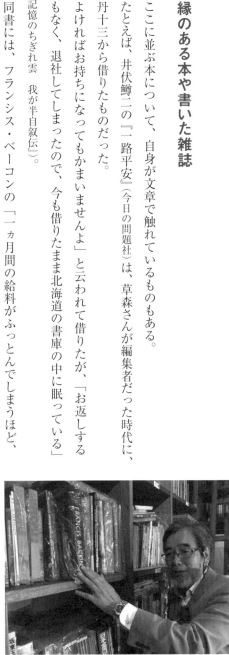

高価な」画集を衝動買いした話が出てくるが、佐藤さんがその本を見せてくれた。残念なことに雨漏りによって、ページが開けないほど傷んでしまっているが。

草森さんが執筆した雑誌もある。

慶應義塾大学推理小説同好会の『推理小説論叢』には、日影丈吉論などを寄稿。先輩には紀田順一郎や大伴昌司がいた。この会の同級生の藪田安晴は「われら三代目」で、「私達は推理小説の作家やグループに積極的に近づいた。（略）草森君と私は遠慮なくいろんな作家や批評家に会って話を聞いた」（『推理小説論叢』第二十五号、一九六七年十二月）と書く。草森さん自身も会員は「どこか、みな変人なところがあり、彼等といると、氣がやすらいだ」と回想する（『記憶のちぎれ雲』）。また、『三田映画』にはアンリ・ヴェルヌイユ論などを書いている。

高校の同級生でもある詩人の嵩文彦が帯広で発行した『あすとら』には、「嗚呼、哀哉」を連載（三十八号、三十九号、一九八四～一九八五）。一回目は寺山修司、中原淳一について、二回目は三島由紀夫、スタルヒンについて。その後の号はないので、連載がどうなったかは判らない。内容的には『記憶のちぎれ雲』を補完する内容で、貴重だ。

さらに、雑誌の連載や掲載記事を製本したものが数冊ある。プロの手による仕事で、背表紙にタイトルも印字されている。当時、どれぐらいお金がかかったのだろうか？　自分の書いたものへの愛着が感じられる。

たとえば、『女性歌手周遊雑記　附・「スクリーン番外地」』は、一九七〇年代に『新

『三田映画』

『推理小説論叢』

宿プレイマップ』に連載されたもの。見返しに「スターダスト　星と屑」というタイトルが書かれ、女性歌手の名前や北公次、三國連太郎、藤純子、ビートルズなどの名前が並ぶ。本にする際の構想を書き込んだのだろう。

そう考えると、この書庫に並ぶ本から新たな本が生まれる可能性はあった。しかし、故郷との縁が切れたことや、より歴史を掘り進む方向に向かったことから、任梟盧は「一九七七年までの草森紳一の頭の中」として、そのまま残されたのだ。

青春時代の記録

ひととおり見終わって、一息ついたところに、「まだ半地下がありますよ」と佐藤さんが云う。

入り口に戻り、茶室の躙《にじ》り口のようなところを腹ばいで抜けると、『太陽』『近代麻雀』『漫画サンデー』など多様な雑誌が並ぶ一角があった。『ＮＥＷ ＹＯＲＫＥＲ』などの海外雑誌は、一コママンガのページが切り抜かれている。マンガ論のために切り抜いたのだろう。

また、高校生までに読んだと思われる本も並んでいる。

さらに、自筆のノートが何十冊もあり、映画の鑑賞記録や推理小説の感想などに交じって、「草紳文庫　１９５２年以降　購入記録」と題されたノートがあった。

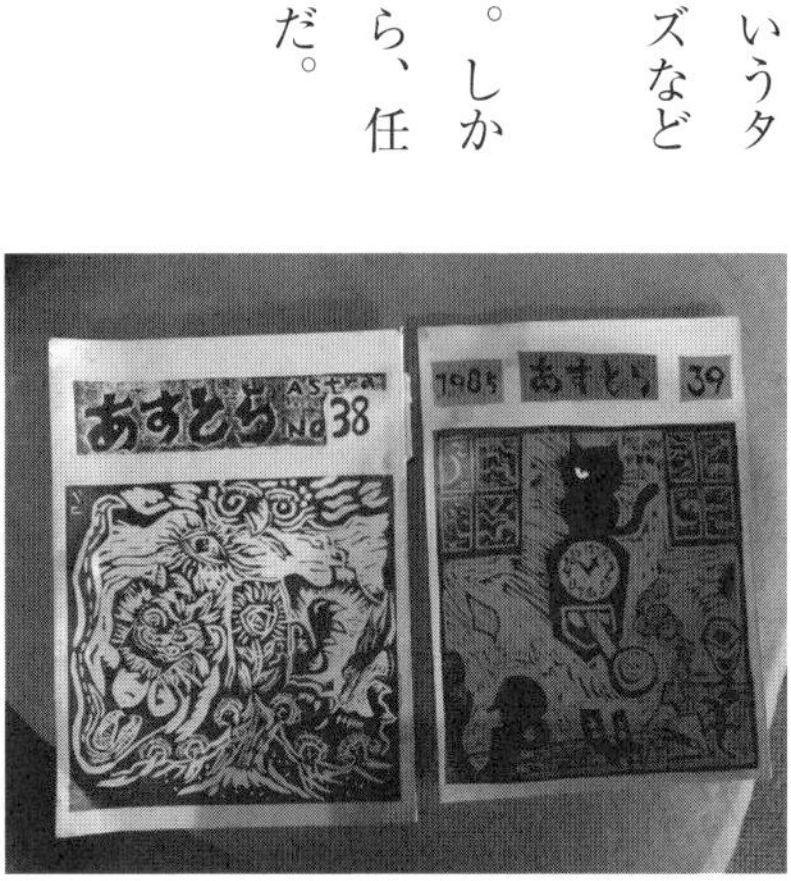

『あすとら』

雑誌記事の製本版

一九五二年と云えば、中学三年生のときだ。几帳面な字で買った本、雑誌、参考書までが記されている。

弟の英二さんによれば、実家の屋根裏を改造して中二階をつくったとき、草森さんは「大工さんにできるだけ多くの本を収納できる備え付けの本棚を注文した」。そして、「蔵書は几帳面にノートに記録していた」という（「兄紳一のこと」第二回、『草森紳一蔵書プロジェクト通信』第二号、二〇一六年八月）。

「本棚は羞恥する」というエッセイで、草森さんはこう書いている（『狼藉集』ゴルゴオン社。中公文庫版『随筆　本が崩れる』に収録）。

「本というものは、たえず気をつかっていないと、物も言わずにしのびよってくる獣のようなところがあり、気がついた時は、すでに遅かりしで、人間の居場所などは、知らずに狭められてしまっている。そこで、ようやく整理しようという決心がついて、ボール箱につめて、田舎へ送ることにしたのだが、四十箱にもなってしまった」

あるいは、こう書く。

「私の本棚との最初の出会いは、父のそれである。（略）観音開きの飾り戸がついており、中にどんな書物が並んでいるか、そと目からは、わからない仕組みになっていた。（略）そういう本箱をつくって隠したいという気もあるが、それにしては本が多すぎるし、かといって書庫を作るなどというのも大袈裟すぎて、余計、気恥しさ

「草紳文庫」ノート

ノートが並ぶ棚

雑誌が並ぶ棚

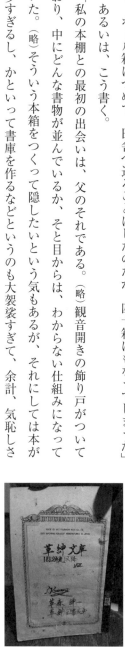

の種をつくるだけだ」

このエッセイの初出は『室内』一九七二年七月号で、任梟盧建設の五年前だ。ここでも書庫を持つことへの気恥ずかしさが語られている。

一度は決心して書庫を持った草森さんだが、故郷にある、自分の頭の中を一目瞭然に配置した書庫よりも、自室の中に積みあがった本とともに生きることを選んだのではないか。なんとなくだが、混沌とした状況のなかで仕事をする方が草森さんには合っているような気がするのだ。

保存と公開

「任梟盧ブッククラブ」の佐藤利男さんは、帯広畜産大学を卒業後、数年して帯広に住むようになった。その頃の帯広には、「花を喰う会」という文化的な活動を行なうグループがあり、そこで嵩文彦さんに会う。

そして、嵩さんを通じて、帰省した草森さんに会ったのだという。「スマートでカッコいい人でした」と振り返る。

草森さんが亡くなったあと、帯広大谷短大が蔵書を引き受けることが決まった。その蔵書整理のボランティアに参加する。宗像さんも一緒だった。そして、「草森紳一蔵書プロジェクト」副代表（当時）の高山雅信さんの紹介で、草森英二さんに会った。

「英二さんは怪奇小説や神秘学とかがお好きで、映画の話をよくしましたね」と、宗像さんは話す。

「二〇一一年にはじめて任梟盧を見学しましたが、外壁に壊れた箇所があり、雨が中に入り込んでいました。内部も埃だらけでした。それで大掃除からはじめました。そして、書棚ごとに番地を決めて、それをもとに蔵書目録をつくろうとしました」

YouTubeには、当時の任梟盧を撮影した動画が七本アップされている。二〇二一年に東海さんが英二さんと相談し、加藤はじめさんが撮影したものだ。「この撮影のために、いちど貼った番地を示す紙をぜんぶ外したんです(笑)」と佐藤さん。

その後、佐藤さんが震災復興のために東北に住んでいたこともあり、そのままになっていたが、二〇一九年に英二さんが亡くなってからは遺族の希望もあり、二〇二一年から任梟盧の復旧を再開した。

「外壁や屋根を直したり、本棚の番地を振り直して入力を進めたりしました。電気ストーブしか使えないので、冬は寒くて手がしもやけになりそうでした」と佐藤さんは云う。一方、宗像さんは「一冊一冊に発見があって、入力するのが楽しくてしかたないです」と笑う。

二〇二二年九月からは、念願だった任梟盧の一般公開を開始。十二月から三月を除く毎月一回、自由に見ることができる。見学者は一日に十五人程度で家族連れもいたという。

番地が振られた本棚

同年十一月には「任梟盧ブッククラブ」を結成。「草森マンガ塾」と題して、任梟盧所蔵の一枚もののマンガの解読会を開催。「いずれは映画観賞会などもやりたいです」と、佐藤さんは話す。

メンバーが増えたことで作業も進み、蔵書の入力は終わりが見えてきた。「蔵書数は三万冊と云われていましたが、実際には約一万五千冊でした。草森さん自身もそれぐらいだと見立てていたようですね」と佐藤さん。

たしかに、「本の行方」というエッセイには、任梟盧の冊数についてこう書いている。「友人などは、わが書庫を見て、まあ三万はあるなという。(略)まさか、おそらく、そんなにない。一年に五百冊近く増えていくとして、十年で五千冊。このペースになってから、かりに三十年として一万五千。まあ、二万そこそこといったところだろう。個人の蔵書は、たかがしれている」(中公文庫版『随筆　本が崩れる』収録)。

任梟盧以降、東京でさらに三万冊を増やしたことを考えると、とても「たかがしれている」とは云えないが、冊数に対して正確な認識を持っていたことに驚く。

佐藤さんらは、今後も蔵書の整理と公開を進めながら、任梟盧の保存の道を図っていきたいという。

タイムカプセルとしての書庫

取材後の十月六日、「北海道新聞」に任梟盧に関する記事が掲載された。テレビアニメ「まんが日本昔ばなし」の演出・作画・美術を手がけた池原昭治さんが中学時代に手づくりした漫画本が、任梟盧で見つかったというのだ。「漫画本は縦21センチ、横15センチ、厚さ4・5センチ。350ページある。中学時代に作ったシリーズ本『弾丸ライナー』5冊の最終巻。2～4巻は池原さんの手元にあり、1、5巻が行方知れずだった。画風は当時流行した手塚治虫や西部劇の影響を受けており、カウボーイやインディアンが登場する」と記事にある。

記事は同書の発見を伝える内容だったが、その後、池原さんの手元に返送された。池原さんの自作本が任梟盧に所蔵されていた経緯が知りたくなり、マネージャーである娘さんの池原奈々さんにお会いした。

池原昭治さんは一九三九年（昭和十四）、香川県高松市生まれ。東映動画でアニメーターとなる。大塚康生、宮崎駿、高畑勲ら、のちのアニメ界のレジェンドと一緒に働いたのだ。現在は埼玉県狭山市に在住。「童絵作家」として、民話や昔ばなしを採集し、独特のほのぼのとしたタッチで描いている。

草森さんとは一歳違いで、池原さんが東映動画の社員だった頃に知り合ったらしい。草森さんは池原さんの作品が好きで、画集に文章を寄せている。

池原昭治『弾丸ライナー』第五巻

「父の話によると、一九六五年頃に草森さんに会った際、中学二年生でマンガ本をつくった話をすると興味を示したそうです。次に会うときに現物を見せると、草森さんはそのクオリティの高さに驚いて、「ゆっくり読みたい」と借りていったということです」と、奈々さんは話す。

二人はその後も付き合いがあったが、草森さんの蔵書が没後どうなったかは知らなかった。

「先日、たまたまネットで検索したら、南陀楼さんが書かれた記事（本項の前半部分）が見つかったんです。帯広大谷短大に連絡したところ、加藤賢子さんから任梟盧の佐藤利男さんを紹介していただきました。その数日後に、佐藤さんが見つけてくださったんです」

奈々さんに見せていただいた『弾丸ライナー　とどろくけんじゅう』第五巻は、とても中学生とは思えない達者な絵で、三百五十ページを描き切っていることに驚く。しっかりした造本で、表紙や本文の色も鮮やかに残っている。草森さんが魅了されたのも判る。

「戻ってきた本を手にして、父は泣いていました。タイムカプセルを開けたときのようでした。「草森さんが俺のマンガを読んでくれたんだ」と感慨深げでしたね」と、奈々さんは昭治さんの様子を伝える。

記事によると、「佐藤さんは（任梟盧の）雨漏りする書庫上部の棚の近くで発見。「良

『弾丸ライナー』の本文

い保存状態で見つかったのは奇跡だ」と話す」とある。

たしかに、フランシス・ベーコンの画集のように、悲惨な状態で見つかる可能性もあったのだ。

奈々さんは、『弾丸ライナー』は「画家としての父のルーツだと思います」と話す。今後は展覧会などで公開したいという。

草森さんの行為はいわゆる「借りパク」で、決して褒められるものではない。しかし、こうして発見されてみると、任梟盧という書庫はタイムカプセルでもあるのだと思った。

任梟盧は草森さんの意志が働いた書庫であり、帯広短大に所蔵される蔵書は草森さんの最後の姿を反映するものだ。

二つ（場所としては三か所）の蔵書群は性格は異なるが、草森紳一の仕事をたどるうえでどちらも欠かせないものだ。

いまのところ、両者は別々に運営されているが、今後は蔵書検索システムを共有することや、双方の蔵書をもとにした展示やシンポジウムを行なうなどで、互いに協力していってほしいと思う。

そして、川を渡って、東京から音更町にたどり着いた草森紳一さんの蔵書を、また見に行きたいと願う。

草森紳一蔵書

〈任梟盧〉
〒080-0111
北海道河東郡音更町木野大通東５丁目２

〈草森紳一記念資料室〉
〒080-0335
北海道河東郡音更町希望が丘３番地３　帯広大谷短期大学内

大宅壮一文庫

「集団知」が生んだ雑誌の宝庫

二〇二三年十月四日、京王線・八幡山駅に降りる。外は雨が降っている。電車の乗り換えで手間取り、約束の時間に遅れそうなのでタクシーに乗る。左手には松沢病院が見える。

〈大宅壮一文庫〉(以下、大宅文庫)の前に着くと、事務局次長の鴨志田浩さんが出迎えてくれた。開館時間より前なので、職員通用口から中へと入る。

大宅文庫は、いわずと知れた雑誌の図書館だ。私がその存在を知ったのは、一九八六年に大学に入った頃だ。文学部の図書室で前年に刊行された『大宅壮一文庫雑誌記事索引総目録』全十三巻を手に取った。

人名編と件名編に分かれていて、後者は「政治・その他」「探検・移民」「天皇」「戦争」「犯罪・事件」「世相」「奇人変人」「マスコミ」「日本研究」「地方」など三十三の大項目に分類されている。「奇人変人」には「ビックリ人間」「天才」「英雄論」「ソックリさん」「ヌーディスト」「ストリーキング」「猟奇的なもの」「珍談」などの項目があり、そこに出てくる雑誌や記事のタイトルを眺めるだけで時間が過ぎていった。

これらの分類は、図書館の日本十進分類法（NDC）と異なる、大宅壮一独自のものだ。

大宅は一九〇〇年（明治三十三）、大阪生まれ。東京帝国大学を経て、一九二六年（大正十五）、『新潮』に書いた「文壇ギルドの解体期」で、ジャーナリストとしてデビューする。戦後は評論家として活躍し、「一億総白痴化」「駅弁大学」などの流行語を生みだした。

現在の大宅文庫がある場所は、もともと大宅の自宅だった。戦時中の一九四四年（昭和十九）、食糧難を見越し、自給自足の生活をしようと考えた大宅は、八幡山に土地を見つける。当時、まだ八幡山駅はなく、上北沢駅から田圃道を歩いてようやくたどり着いたと、妻の大宅昌は回想する（『大きな駄々っ子　夫・大宅壮一との40年』文春文庫）。

建築好きだった大宅は、その土地に自宅を建てた後、増築を重ねている。一九五五年には庭先にブロック造り二階建ての書庫を建築した。ここが〈雑草文庫〉になるのだった。

『大宅壮一文庫雑誌記事索引総目録』

雑草文庫から大宅文庫へ

一九五二年、大宅は『実録・天皇記』（鱒書房）を発表。このときから積極的に資料を収集しはじめる。助手を務めた草柳大蔵は、次のように回想する。

「大宅氏は即売会があると、私を伴って必ず出かけた。自分がゆけないと私に三万円か五万円かをわたし、「すこしくらい高いと思っても必要なものはおさえるんだよ」と念を押した。私は、百円札や千円札の札束を手にしてふるえながら、即売会に入っていった」（大宅壮一『実録・天皇記』角川新書、解説）

また、講演などで地方に出かけると、かならず古本屋に寄った。そこには大宅の「裏町好き」が反映していると、草柳は指摘する。

「大宅さんは、こういうツルンツルンの町が嫌いだった。すぐに横丁や裏道に入りたがるのである。そして、古本屋は必ずそのような町筋にあった」（「助手の役得　大宅壮一の古本屋めぐり」、『大宅文庫ニュース』第十三号、一九七八年十一月）

同じ文章で、草柳は大宅に叱られたと書いている。

「なんだ、君は。いい歳をして本を読んでいるのか」「君な。本はいちいち読むものではないよ。本は、引くもんなんだ」

一九五六年、大宅の秘書を務めた奥田史郎は、大宅から書庫に呼ばれた。

「積み上げた山は、「政治」「経済」「天皇」「左翼」「右翼」「女もの」などに分類して、

1階の閲覧室

また棚に戻された」(「大宅文庫の草わけ時代」、『大宅文庫ニュース』第三十二号、一九八八年九月)

そういった分類に基づき、図書カードを記入する作業を行なった。

「「重要なものだけをとるようにしたらどうですか」とMさんが提案したとき、ジロリと「重要か重要でないかを誰がどうして決めるのかね」と答えた先生の態度が今でも印象に残っている」(同)

大宅がこのとき、自分にとって必要なものだけをカードに記入させていたら、大宅文庫は誰もが利用できる図書館にはならなかっただろう。

一九五七年には大宅が中心となり、「ノンフィクション・クラブ」を結成。青地晨、蘆原英了、藤原弘達、草柳大蔵、梶山季之らが集まった。メンバーだった末永勝介は「従来めぐまれなかったノンフィクション物にたずさわるライターを、大宅さんは個人でバックアップしようという気持があったようである」と書く(「ノンフィクション・クラブ」、『大宅壮一読本』蒼洋社。ただし末永は「昭和三十三年」と書いており、一年のズレがある)。

このクラブのメンバーだった杉森久英は、雑草文庫の資料についてこう書く。

「これらの中には、正確さという点ではどうかと思われ、アカデミックな研究の資料にならないものも多かったが、そういうものの中に、ある人物なり事件なりの核心を一言でとらえたものもあって、単なる事実の羅列より参考になった」(「雑草文庫のこと」、『追悼文集　大宅壮一と私』)

大宅は一九七〇年十一月に亡くなるが、蔵書をマスコミ界に役立てたいという遺志を受けて、一九七一年五月に〈財団法人大宅文庫〉が設立された（一九七八年に〈財団法人大宅壮一文庫〉に改称）。出版社に協力を呼び掛け、雑誌の寄贈を募った。

開館当初の利用者は一日四、五人だったが、一九七四年、立花隆が『文藝春秋』に「田中角栄研究」を書くために、大宅文庫を活用したことが知られると、マスコミ関係者の利用が増えた。

立花は「大宅文庫なしには『田中角栄研究』をはじめとする私の幾つかの仕事は、ほとんど不可能だったろう」とまで書く（阪本博志「大宅壮一と大宅壮一文庫」、阪本博志編『大宅壮一文庫解体新書　雑誌図書館の全貌とその研究活用』勉誠出版）。

一九八五年からは会員向けのファックスサービスを開始。この年に起きた日航機墜落事故では、職員総出でファクス送付に対応したという。

たわむ本棚

大宅文庫に所蔵されている雑誌は現在、約一万三千誌、約八十万冊。そのうち、約一万二千誌、約五十二万冊が八幡山の本館、残りは埼玉の越生《おごせ》分館に所蔵されている。

『大宅壮一文庫所蔵雑誌総目録』（皓星社）の阪本博志の解説によれば、所蔵雑誌は、

情報系の雑誌が並ぶ棚

（1）『キング』『主婦の友』『中央公論』など「それぞれの時代を知るためには柱となるような雑誌」、（2）『女性』『思想』など「マスマガジンではないものの、それぞれの時代のある断面を知るうえで重要な雑誌」、（3）『草の実』『べ平連ニュース』などの「ミニコミ」、（4）『インドネシア時報』『週刊公論』など「大宅個人とかかわりの深い」雑誌、に分類できるという。

同館の書庫は何度か見学しているが、来るたびに圧倒される。

一九七五年に書庫・事務室を増築し、一九八五年には新館を増築した。

「私は一九八五年の増築時に、本を移動するためのアルバイトとして入ったんです」と、鴨志田浩さんは話す。当時通っていた日本ジャーナリスト専門学校で、総合科のクラス担任だった末永勝介から「ヒマなら来い」と誘われたという。末永は大宅文庫の専務理事を務めていた。

「大宅邸の書庫から新館に本を移動させました。エアコンなしの中での作業はきつかったです」

雑誌は発行される限り、かならず増殖していく。それだけに、大宅文庫では本棚の雑誌を移動させることは日常茶飯事だという。

「週刊誌は三年ごとに棚を動かして、次の三年分のアキを確保するんです、だから、時期によって配置が変わるんです」と、鴨志田さんは話す。

本館二階には「女の部屋」と呼ばれる一角があり、以前は婦人雑誌を並べていた

週刊誌が並ぶ棚

『週刊朝日』の棚。同誌は 2023 年 5 月で休刊した

が、いまは別の雑誌も入っている。他に「非継続の部屋」「クロワッサンの部屋」などの通称を持つ一角がある。

比較的、利用率の低いタイトルは、越生分館に移動させ、空きスペースをつくる。鴨志田さんは「雑誌の図書館　大宅壮一文庫」(『大宅壮一文庫解体新書』)で、「書庫の収容をおおまかに説明」しているが、簡単に引用できないぐらいややこしい。三棟八室に、週刊誌、月刊誌、隔月刊などの発行ペースに加えて、休刊したタイトルや、明治・大正期に出されたもの、複本など、さまざまな観点で分類された雑誌が並べられている。

利用者からすると、大宅文庫の雑誌が合本されず、一冊ずつを手にすることができるのはありがたい。しかし、管理する側にとっては、それが悩みの種になる。閲覧請求があると、スタッフはこの書庫に走り、目的の雑誌の号を取り出すのだが、相当の慣れが必要だろう。

古くから使われている棚は、重みでたわんでいる。月並みだが、デジタルには置き換えられない、紙の雑誌の存在感がある。

『宝島』のように、リニューアルするたびに、サイズや綴じ方が変わる雑誌は、その変化が目で判る。

新館地下二階には、明治・大正の創刊号六百六誌が並ぶ。これらは二〇〇〇年に刊行されたCD－ROM『大宅壮一文庫創刊号コレクション　日本の雑誌』に全ペー

重さでたわむ棚

『宝島』の棚。上部には前身誌『ワンダーランド』が置かれる

ジ収録されている。

大宅文庫では、十年ほど前から月に一度、「迷宮書庫探検ツアー」を開催。新型コロナ禍の時期には中止されたが、二〇二三年十月から再開した。

「毎回十人ぐらいですが、いちど書庫に入ると、だいたい時間オーバーするんです」と、鴨志田さんは笑う。

索引の力

大宅文庫の特色は、これらの蔵書を最大限に利用できる索引システムが構築されている点だ（以下、「雑誌の図書館　大宅壮一文庫」を参照）。

雑草文庫では、雑誌の記事単位で分類した三十万件の索引カードが作成されていた。最初の冊子体目録は一九八〇年に刊行した『大宅壮一文庫索引目録』だ。一九八五年には私も使った『大宅壮一文庫雑誌記事索引総目録』、一九八八年にその続編を刊行。

一九九五年からは館内で利用者向けのデータベースを公開。そのデータをもとに、総目録もリニューアルされていく。データベースはCD－ROM時代を経て、二〇〇二年、インターネット上で「Ｗｅｂ ＯＹＡ－ｂｕｎｋｏ」を公開。国会図書館などで利用できるので、私もさんざんお世話になっている。

スタッフが上り下りする階段

『千一夜』

『キング』改題の『富士』

索引を専門に採録するスタッフは現在四名。ほかに過去データを遡及入力するスタッフが一名いる。

そのひとり、小林恭子さんは一九九二年に大宅文庫に入り、三か月後から索引の仕事を担当する。「二年目からは『週刊ダイヤモンド』の担当になりました。経済は苦手だったので大変でした」と振り返る。いまは経済、科学、犯罪、エログロ、オカルトなどを担当。『ＢＵＢＫＡ』や『裏モノＪＡＰＡＮ』の話になると目が輝く。

「マイナー雑誌がまだ表に出ていない事件を扱っているのを採録して、のちに大きく報じられると「当たった」と思うんです」と小林さんは笑う。

索引というものは、雑誌の目次をそのまま入力すれば済むものではない。一つ一つの記事に当たって、内容を確かめたうえで項目に入力する。雑誌の種類や慣れにもよるが、週刊誌の一号につき四、五時間はかかるという。

取材時は、ちょうどジャニーズの創立者・ジャニー喜多川の性加害が明るみに出た時期だった。一九六五年、この疑惑を最初に報じた『週刊サンケイ』は、大宅文庫での利用率が高いという。

「これまでの「ジャニーズ事務所」の項目の中に、「ジャニー喜多川セクハラ問題」を新たに立てました」と、小林さんは云う。需要が多い記事については、少しでもヒットしやすくなるよう、後からキーワードなどを足すこともあるそうだ。

そして二〇二三年七月には「Ｗｅｂ　ＯＹＡ－ｂｕｎｋｏ」の大リニューアルが

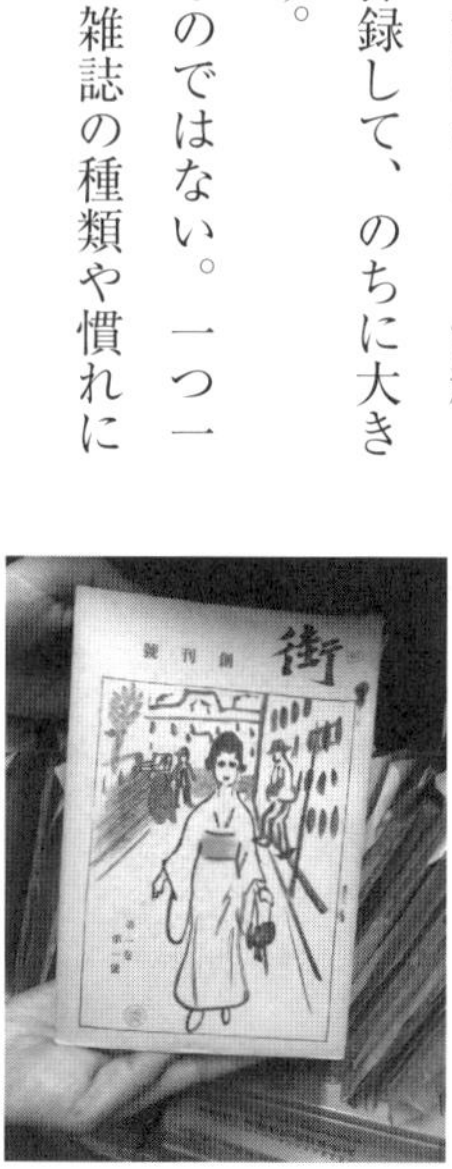

『街』創刊号

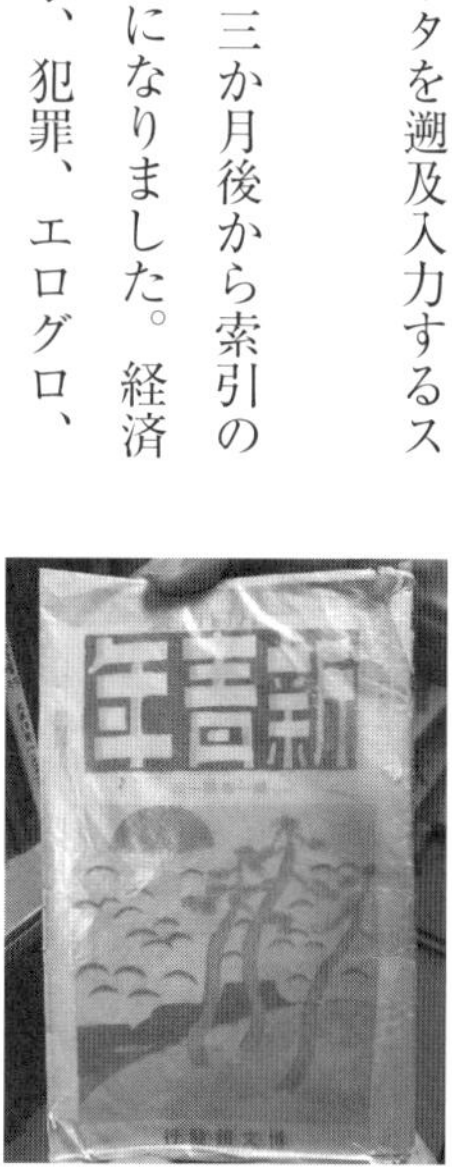

『新青年』創刊号

小林さんが愛するマイナー雑誌が並ぶ「黒い棚」

行なわれた。

　これまでは、冊子版をベースにした一九八七年以前のデータと、一九八八年以降のデータは別々に検索する必要があったが、両者が統合されることによって、約七百三十二万件のデータを一括検索できるようになった。トップ画面も見やすくなった。

　ただ、これで完成ではなく、データは現在も手直しされている。

「冊子版で落ちている要素を、雑誌の現物を見直して入力する作業を行なっています。あと百万件、きれいにする必要がありそうです」と小林さんはあっさり云うが、気が遠くなるような作業量だ。

　また、一万三千誌のうち、索引が採録されているのは約二千誌。現在継続で受け入れている六百誌では、二百誌が索引対象となっている。著名な雑誌でも『ＰＯＰＥＹＥ』は索引が作成されていない。創刊当時はカタログ誌として扱われて除外されたのだろうか。また、『週刊ベースボール』はなぜか一九八六年～一九九〇年と一九九八年以降が索引対象となっている。

　そう考えると、大宅文庫の索引によって可視化された雑誌の後ろには、まだ隠れている雑誌がたくさんあるわけだ。

　大宅文庫では経営の赤字が続いている。二〇一七年にはクラウドファンディングで運営資金を募り、二〇一九年に新たにパトロネージュ制度をはじめた。索引を採る力のあるスタッフを育てるには時間もかかる。

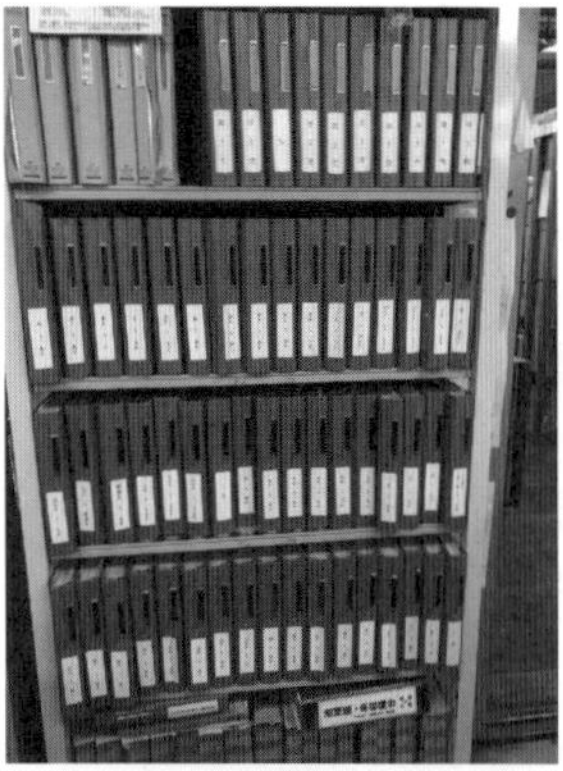

雑誌の台帳を収めた棚

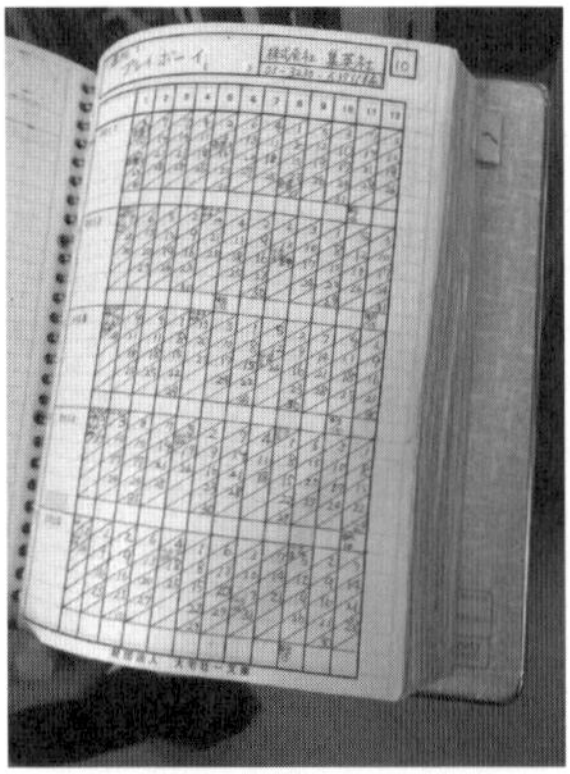

所蔵雑誌の台帳

「それでも、過去の雑誌にさかのぼってデータを採っていくことが、大宅文庫の存在意義を示すうえでも重要です」と、鴨志田さんは語る。

近年、雑誌の休刊が続いている。紙版からウェブに移行する雑誌もある。

「あくまで雑誌の現物から索引を採っているので、雑誌の数が減ると、データが偏ってしまうという危機感はあります。右も左も同居しているのが、健全だと思うんですけど」と、小林さん。

雑誌の魅力を伝えるために、今年からは閲覧室で「がんばれ雑誌」と称する展示を開催。女性誌の創刊号、憧れの「昭和スタア」などのテーマで、現物を並べる。

「探すのは大変でしたが、私たちも初めて見るようなタイトルを並べることができました」と、小林さんは云う。

取材のあと、閲覧室で大宅文庫に関する記事を検索する。雑誌が出てくると、目的の記事の前後に、面白い記事や気になるニュースが見つかる。調べ物を終える頃には、夕方になっていた。

大宅が集めた書籍群

数日後、打って変わって秋晴れの日に、埼玉の越生分館を訪れた。

池袋から東武線に一時間以上揺られ、坂戸駅で東武越生線に乗り換える。沿線に

越生分館

は田園の風景が広がり、旅行しているような錯覚に襲われた。

東毛呂駅でタクシーに乗り、こんなところに施設があるの？　と不安になった頃に、目的地に到着。丘の上に建つ白い建物は、なんだかちょっとアヤシイ。

この分館は一九九七年に開館。以前は定期的に開館していたが、二〇一一年の東日本大震災の計画停電を受けて一時休館。再開後も利用者が少なかったことから、二〇一六年から月一回の開館に。新型コロナ禍以降は、一般利用者向けには休館が続いている。云ってみれば、この館ぜんぶが閉架書庫みたいなものだ。

「職員もここには月一回来るだけなんです」と出迎えてくれたのは、下村芳央さん。本館では利用者サービスを担当している。

入り口に立てかけてある箒は、前庭から落ちる葉っぱを掃除するためのもの。建物も古くなっており、あちこち修繕しながら資料を整理しているという。

一階入って左側は閲覧スペースになっていて、大宅の愛用の机・筆記用具が置かれ、著作を収めたケースもある。

それを壁のように取り囲むのは、索引カードのケースだ。表面には冊子版目録と同じ項目が貼り付けられている。以前は本館で使われていたもので、データベースが導入されて以降、ここに移されたという。

それとは別に、新聞記事を切り抜いたファイルもあった。「読書」「社会探訪」「宣伝広告」などと分類された、索引カードと同じサイズの袋に記事の切り抜きが入れ

閲覧スペース

大宅の机

られているのだ。

「奇人」の袋には、「谷中の杜の奇人」という見出しで、〈大名時計博物館〉（台東区谷中）の主で蒐集家の上口愚朗の記事があった。また、「永田雅一」の袋には、大映関係などの記事が入っている。このメモの字は大宅のものだろうか？

　下村さんの話では、このファイルケースはこれまであまり触れられていないようだ。袋に入っている記事をぜんぶスキャンして、雑誌のデータベースと関連付けたら、いい資料になりそうなのだが。

　書庫は一階と二階にある。

　一階の書庫は、右側の奥が未整理で重複している雑誌約二万五千冊と、未整理の書籍約一万五千冊。左側が大宅が収集した書籍約三万五千冊で構成されている。

　大宅が収集した書籍は、「移民」「右翼」「経済人物」「宗教」「女」「スパイ」「政治人物」「天皇」「東京裁判」「マスコミ」などと分類されて、並んでいる。これらは大宅生前の雑草文庫の時点で整理されていたようだ。

　ジャンル自体も幅広いが、商業出版以外に社史や私家版、パンフレットなどさまざまな形態の本を集めていることに驚く。たとえば、マスコミ関係の棚には、『一記者の頭』『新聞街浪々記』『地方記者の三十年』『戦後20年　日本の出版界』などが並ぶ。

　戦争関係では、『男児の意気』『真相箱』『大東亜諸国の実情を語る』『おほみいく

新聞記事のファイルケース

カードケース

カードケースに貼られた分類

さ』など、戦意を鼓吹した本が並ぶ。

犯罪関係では『女探偵』『血と指紋とミイラの話』『趣味の探偵談』など、そそられるタイトルが多い。なかでも、『私立探偵養成講義』というパンフレットは読んでみたかった。

古い本だけでなく、娯楽に関する本では、笑福亭鶴光、坂上二郎、山本コータローらのタレント本もちゃんとある。元ジャニーズで最初にジャニー喜多川を告発した北公次の『２５６ページの絶叫』は、いまとなってはレア本だ。大宅の死後に出た本もあるようだ。

これら大宅収集の書籍については、いまのところ、一部を除いて、紙にしろオンラインにしろ蔵書目録は公開されていない。事務用にＥｘｃｅｌでつくったものを分館で見られるだけだ。いずれは、サイトからＯＰＡＣで検索できるようにしてほしい。

多くの人の手で

二階への階段の横には、上まで続く板が置かれている。これはなんだ?

「エレベーターがないので、雑誌の入った箱をカートに載せて運ぶんです」と下村さん。ご本人の手づくりだという。ちょっと涙ぐましい。

「永田雅一」の新聞記事

「奇人」の新聞記事

未整理の雑誌・書籍の棚

二階にあるのは、本館から移された約二十万冊の雑誌だ。整理済みと未整理のもの、本館と重複しているものとここにしかないものがある。

ここにしかない雑誌は、たとえば『CAR GRAPHIC』『建築文化』『週刊日本の美をめぐる』など。索引に採録されていないタイトルばかりだ。

所蔵雑誌はOPACで検索できるので、閲覧申請することはできる。ただ、スタッフが常駐していないため、東京本館で閲覧できるようになるまで一か月ぐらいかかることもあるという。

未製本の雑誌が並ぶ棚に、珍しく製本済みの雑誌もあった。出版元で所蔵していたゲーム雑誌を寄贈されたのだという。

「大宅文庫の職員が集めた雑誌を寄贈することもあるんです」と下村さんが案内したのは、競馬雑誌が並ぶ一角だ。事務局次長の鴨志田さんが集めたものだという。意外な趣味を知ってしまった。

別の職員も、音楽、プロレス、アニメなどの雑誌を寄贈している。ここにある『アニメージュ』には本館で所蔵していない号もあり、最近、全号が揃ったという。
大宅文庫のスタッフにとっては、雑誌集めは趣味と実益を兼ね備えるものかもしれない。

ほかにも〈末永文庫〉は、理事だった末永勝介の蔵書約四千百冊を受け入れたもの。単行本や新書、文庫のほか、雑誌も並んでいる。実用本や小説、エッセイなど

大宅収集の戦争関係の棚

『私立探偵養成講義』

手づくりのレーン

が混ざっている雑多な棚がとても面白い。ほかにも評論家の村上兵衛らの蔵書も受け入れている。

こうしてみると、大宅文庫はじつに多くの人の協力で成り立っている。

大宅壮一は戦前にバートン版『千夜一夜』の翻訳を、分業システムによる集団作業で行なった（有馬学「索引的思考」、『大宅壮一文庫解体新書』）。雑草文庫も複数のスタッフとともに構築している。

大宅がグループでつくった大宅文庫という知の拠点は、現在のスタッフによって守られている。そこでも集団の力が働いている。一人一人の本に対する情熱が合わさって、この場所はいまもここにあるのだ。

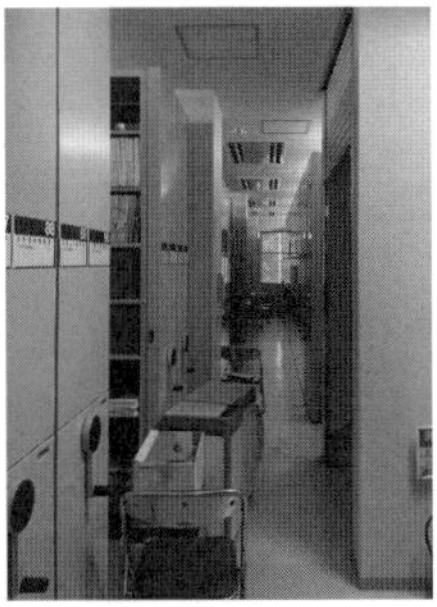

2階の書庫

末永文庫

大宅壮一文庫

〈本館〉
〒156-0056
東京都世田谷区八幡山３丁目１０－２０

〈越生分館〉
〒350-0415
埼玉県入間郡越生町上野 2845-2

遅筆堂文庫

小さな町に「本の海」が生まれるまで

山形県の小さな町に井上ひさしが蔵書を寄贈した図書館ができたというニュースを知ったのは、いつ頃だっただろうか。

私は小学生で『ブンとフン』を読んでから、この作家に熱中した時期がある。小説も好きだったが、小説家の日常生活が垣間見られるエッセイを愛読した。本に対する偏愛ぶりにも共感した。

七十五年の生涯で約二百八十冊（共著、編著を含む）を著したこの作家のごく一部にしか接していないが、私も井上ファンのひとりと云えると思う。余談だが、雑誌編集者だったときに井上さんに原稿依頼をしたことがある。電話で一度は引き受けてもらったが、その後「やっぱり忙しくて……」と断られた。

二〇一四年、その図書館〈遅筆堂文庫〉が入っている〈川西町フレンドリープラザ〉で、「Ｂｏｏｋ！ Ｂｏｏｋ！ Ｏｋｉｔａｍａ」（ＢＢＯ）というブックイベントが開催された。仙台にいたときにそのことを知り、ＢＢＯの一箱古本市に出店するという友人に便乗して、川西町を訪れた。

フレンドリープラザは一九九四年に開館。遅筆堂文庫と町立図書館、文化ホールがある複合施設だ。一箱古本市は回廊状になったエントランスで行なわれ、とても雰囲気がよかった。

運営の主体となっているのは『ほんきこ。』というグループで、読書会を開きミニコミを発行している。のちに触れるように、川西町にはミニコミの文化があり、遅筆堂文庫の誕生にも関連している。翌年の第二回からは毎年、一箱古本市の店主として参加するとともに、私が関わるトークイベントやワークショップを開催させてもらうようになったのだ。ＢＢＯは二〇一八年に終わるが、翌年からはフレンドリープラザが運営を引き継ぎ、一箱古本市とトークイベントを開催している。

川西町を訪れるたびに、一日一回は遅筆堂文庫に寄って時間を過ごす。おそらく、東京以外で最も多く訪れた図書館と云えるだろう。

2022年の一箱古本市の様子
（提供：川西町フレンドリープラザ）

井上ひさしの頭の中を再現する

図書館スペースは一階が井上蔵書を基にした遅筆堂文庫、二階が町立図書館になっている（児童書は一階）。蔵書数は、遅筆堂文庫の整理済みのものが約十二万八千点。のちに見るように別の場所に十万点以上を収める。町立図書館は約五万九千点だ。手に取って見られる分だけで十二万冊ある。人口一万五千人ほどの町に、これだけ立派な図書館があることに驚く。

入ってすぐのところにあるのは、井上ひさし展示室。正面に目に入ってくるのは、柱の周りに高く設置された書架だ。「本の樹」と名付けられたこの棚には、読者からのメッセージとともに寄贈された井上ひさしの著作を並べている。

その周りに年譜や作品紹介、テーマごとの展示などがある。取材時には、中公文庫から再刊されてベストセラーとなった『十二人の手紙』にあわせて、「井上ひさしと手紙」という展示が行なわれていた。

一階のカウンター横には「研究室」と呼ばれる小部屋があり、ここには付箋や書き込みのある本が多い。また、井上自身の著作も壁面にずらりと並んでいる。さらに貴重な本は閉架書庫に収められている。

私はこの「研究室」がお気に入りで、いくらでも居られる。ある年には「図書館に泊まろう」というイベントがあり、この部屋の本棚の間に寝転がって、井上の作

研究室

研究室への入り口

品を読みながら一夜を過ごした。

なお、二〇二四年四月、井上が晩年を過ごした鎌倉市の自宅の書斎がこの研究室内に再現された。

遅筆堂文庫の蔵書は、一般的な分類であるNDCを用いずに、A~Zの分類で配列されている。井上からの「自分の頭の中で整理しているように分類してほしい」という希望によるもので、Aは言語、Bは江戸、Cは地図、Dは演劇……となっている。

大分類の下には細目がある。Lの社会で云えば、「アメリカ」「憲法・法律」「天皇」「風俗」「戦争」「都市論」といった具合だ。ひとつの細目には、研究書・ノンフィクション・小説などが一緒に並ぶ。たとえば「犯罪」の棚には、加賀乙彦『犯罪ノート』、カポーティ『冷血』、『近代犯罪科学全集』、重松一義編『日本刑罰史年表』が同居している。

この雑多な、カオス感がたまらない。どこから切っても面白いので、棚から本を抜き出す手が止まらない。たとえば、大作『吉里吉里人』の資料となった研究書を手に取って、そこに書き込みを見つけたりするとなんとなく嬉しくなる。

また、遅筆堂文庫では本の背表紙にラベルを貼らず、函やカバーもそのままにされている。それが、井上ひさしの蔵書に向き合っているという臨場感を高める。

十年近くこの町に通って感じたのは、町の人が抱く井上ひさしへの敬意だ。彼ら

井上ひさしの著作が並ぶ「本の樹」

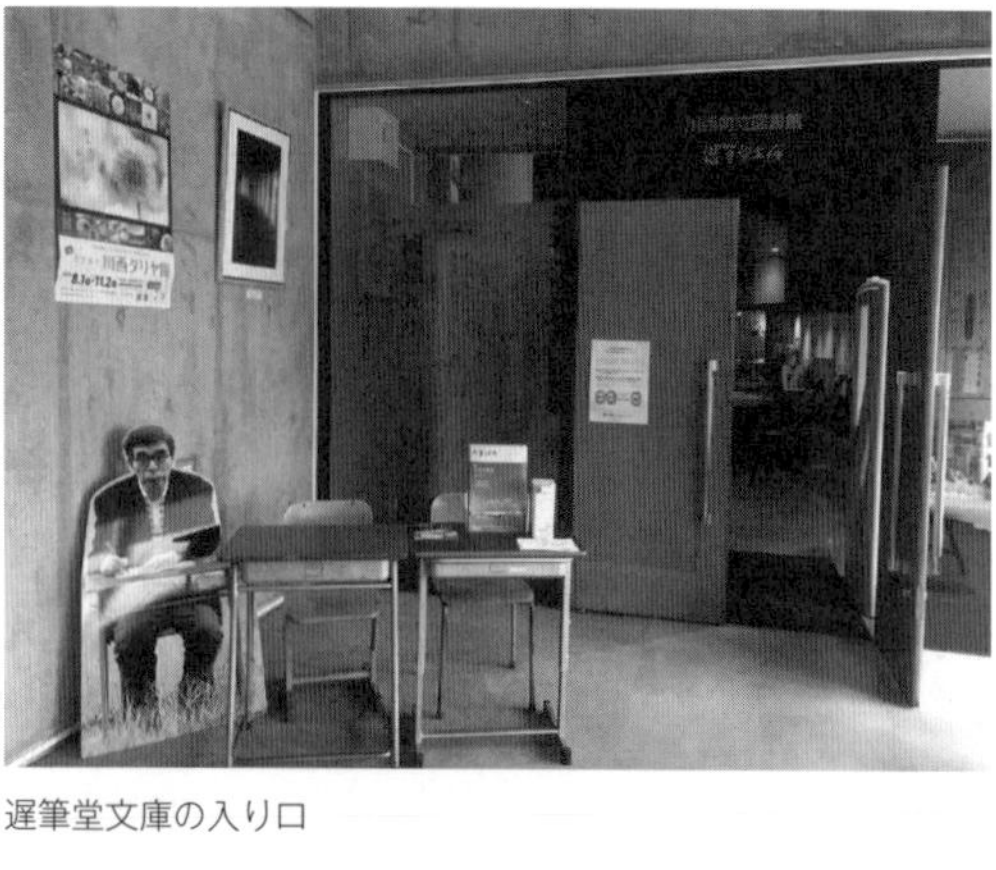

遅筆堂文庫の入り口

は井上のことを「作家」と呼ぶ。一般名詞ではなく、彼らにとっては井上こそが作家なのだ。

二〇二二年九月二十三日、今回もイベントに合わせて川西町を訪れた。そして取材者の立場で、これまで見たことのない部分まで含め、遅筆堂文庫をじっくり見ることができた。

出発点になった本

川西町は山形県南部の置賜《おきたま》地方に属し、米沢市に接している。

置賜盆地の美しさを、一八七八年（明治十一）にこの地を旅したイギリス人旅行家イザベラ・バードは「アジアのアルカディア（理想郷）」と評している。

なお、フレンドリープラザの敷地の庭には、イザベラ・バード記念碑がある。碑文を書いたのは、バードの『日本奥地紀行』を初訳した英語学者の高梨健吉。高梨はこの川西町の出身で、川西町立図書館には〈高梨健吉文庫〉もある。

井上ひさし（本名・廈）は、東置賜郡小松町中小松（現・川西町）に生まれた。父・修吉は作家志望だったが、ひさしが五歳のときに病死した。

「物心ついてハッとあたりを見回すと、家には父親というものがいなかった。いぶかしく思って母親に「なぜ」と問うと、母親は本のぎっしり詰まった、いくつもの書棚を指さして、「この本の山を父さんと思いなさい」と答えた。どうもこの瞬間に、

再現された書斎

本とわたしとの関係が決まったらしい」（「本とわたし」、『井上ひさしコレクション　ことばの巻』岩波書店）

井上少年は父の蔵書を読みまくり、主要な本には目を通してしまう。新しい本を読みたかったが、町の図書館には蔵書が九十六冊しかなかった。

そんななかで、井上ははじめて自分の本を手に入れる。中央公論社から出た宮沢賢治の『どんぐりと山猫』を、版元に直接注文したという。読み終えて感激した井上は、ハンコ屋の息子に頼んで蔵書印を彫ってもらい、それを本に押して「第1号」と書き込んだ（『本の運命』文藝春秋）。本とともに人生を歩んだ井上ひさしの出発点とも云えるこの本は、遅筆堂文庫に収められている。

井上一家は一九四九年に小松を離れ、一関へと移る。その後、仙台、東京、釜石を経て、再上京。放送作家として活躍しながら、小説家としてデビューする。

作家が本を手放すとき

井上ひさしの蔵書が、なぜ生まれ故郷の川西町に運ばれ、ついに図書館が生まれるに至ったかは、遠藤征広『遅筆堂文庫物語　小さな町に大きな図書館と劇場ができるまで』（日外アソシエーツ）に詳しい。同書は、本を愛する作家と作家を敬愛する青年たちの交流を描いた名著で、何度も読み返してきた。

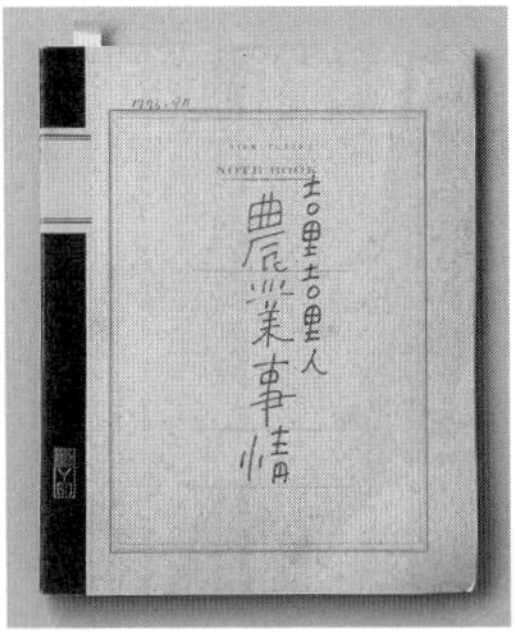

『吉里吉里人』執筆用のノート（提供：遅筆堂文庫）

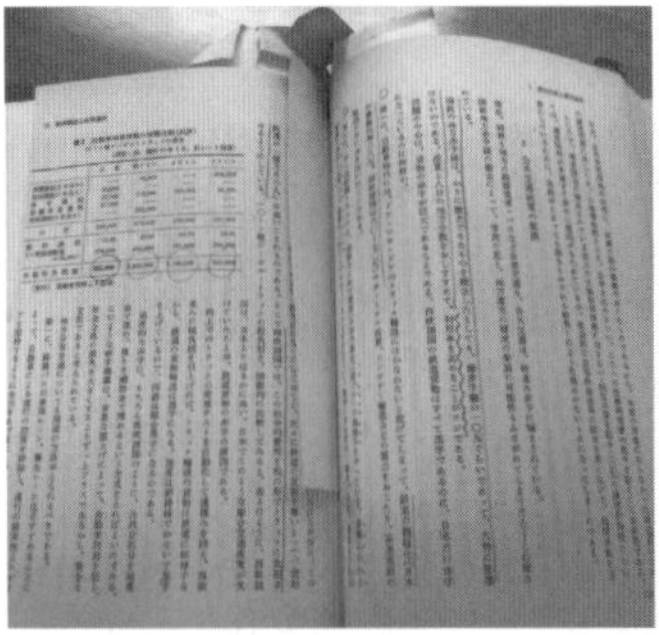
『吉里吉里人』参考資料と思われる本（書き込み）

『吉里吉里人』参考資料と思われる本（表紙）

遅筆堂文庫設立の経緯を、同書と今回取材した遠藤勝則さん、阿部孝夫さん（NPO法人遅筆堂文庫プロジェクト前代表）の話をもとにたどってみる。

一九七七年、農協に勤めていた遠藤征広さんらによって、『先知らぬこの道を』というミニコミが創刊された。郵便局勤務の阿部孝夫さんもそのメンバーだった。井上ひさしを愛読していた征広さんは、作家を故郷に呼ぶことを提案した。彼らの手紙が功を奏し、一九八二年に井上の講演会が実現する。締め切りに遅れた井上に直前に日程を変更させられるというハプニングはあったが、大成功を収める。

翌年、井上は劇団「こまつ座」を結成。生まれ故郷の小松町にちなむ。『先知らぬ』のメンバーは「こまつ座応援会」を結成。征広さんは旗揚げまで井上宅に住み込んで手伝った。その後、『先知らぬ』は「山形こまつ座」に発展。阿部孝夫さんが代表を務め、米沢市や長井市でのこまつ座の公演を実現させた。

一九八六年、井上は妻・好子と離婚。そのために市川市の自宅を出なければならなくなった。それを聞きつけた自治体と大学から「本を引き受けたい」という申し出があった。しかし、先方の必要な本だけを引き取るという方針に、雑本も含めての自分の蔵書だと井上は反発し、物別れに終わる。

「本と別れる」と題したインタビューで、井上はこう話している。

「こういう本は古本屋に売れば多少の金にはなるでしょうが、僕が集めたというエネルギーというのは売った瞬間なくなっちゃうわけです。集めた人の意志、エネル

井上がはじめて手に入れた「自分の本」
（提供：『どんぐりと山猫』）

ギーをきちっと残すためには、これはまとめてどっかへ移すほかはないと思いました」（『朝日ジャーナル』一九八七年臨時増刊「ブックガイド」）

一方、川西町では井上宅にあふれる本を目にしていた征広さんが、その一部を引き取って小さな図書館をつくることを構想していた。企画書づくりには町役場の企画課に勤めていた遠藤勝則さんも加わった。

「当時、川西町では総合計画を策定しており、井上さんと関係を深めることで、地域づくりを進めたいという意思がありました」と、勝則さんは振り返る。

そして企画書を読んだ井上から連絡があり、「全部の本を寄贈するので、図書館をつくってほしい」と申し出があった。横沢三男町長はこれを受け入れ、候補地の選定に入った。

「生きている図書館」を目指して

一九八七年二月、〈農村環境改善センター〉（農改センター）の二階に図書館を設置することが決まる。同月、遠藤征広さん、阿部孝夫さん、遠藤勝則さんら四人は、市川の井上宅からの一回目の本運びを行なった。

「下見に行った際、どこまで見ても本があふれていました。本の重みで書庫のレールが歪んでいました」と勝則さんは話す。この時点で、何万冊あるかはっきりと判

『遅筆堂文庫物語』

っていなかったという。

自宅に接した事務所の本は、こんな様子だった。

「ゆうに六人は使える会議用机の上は五十センチほどの高さに平積みにされた本で埋め尽くされ、書架は奥に単行本、手前が文庫本で二列に並べられています。書架の前の床にも幾重にも本の山があり、高い本の山は今にも崩れそうです。(略)事務所の片隅には二階の書庫に通じるら旋階段があります。その階段一段一段にも本が一メートルの高さで積み重ねられて、一人ずつ慎重に通らないと階段を昇れません。(略)まさに本の海の中で四人は泳いでいました」(『遅筆堂文庫物語』)

このとき、彼らが川西町から持参したのは、菊の箱だった。征広さんが仕事で使っていたもので、本を詰めるのにちょうどよかったという。二泊三日で、部屋ごとにひたすら本を詰めていく。道路が狭いため、本の箱はいちど二トントラックに積み、別の場所に停めた十一トントラックに積み替えねばならなかった。

川西町にトラックが着くと、農改センターの二階まで階段で運び、仮置きする。

本運びの作業は、三月と四月にも行なわれた。驚いたのは、前回すっかり空にした書架にまた本が詰まっていたことだ。さらに、予期しなかった場所からも本が出現する。

「建物の屋上に六坪ほどの大きさのプレハブ式の物置がぽつんとありました。ドアを開けると、中には本が隙間なく圧縮状態でびしっと詰まっています。まさに芸術

展示室

的とも言える入れ方です」(『遅筆堂文庫物語』)

三回にわたる作業を経て、井上の蔵書は川西町に運び込まれた。その数は当初の目算である四万冊を大きく上回り、七万冊に達した。

気が遠くなるような作業だったが、遠藤さんらにとっては作家と接することができる貴重な機会となった。

「私たちが作業している間、井上先生は家の中で執筆されていました。昼食や夕食は一緒に取り、そこでいろんな話を聞きました」と阿部孝夫さんが云えば、「作家の内側に入ったような気持でしたね」と勝則さんも話す。

このとき、井上は図書館の名前を〈遅筆堂文庫〉としたいと話した。「遅筆堂」はしばしば締め切りを破ることへの自嘲の念からつけた屋号だが、根底には「遅くてもいいから納得のいくものを書きたい」という思いがあった。その名前を図書館に冠するのは、遅筆の背景に無数の本があるからだと征広さんは推測している。また井上は、利用者優先でなるべく長い時間開館している図書館にしたいという希望を述べた。

そして、四月二十九日には川西町民総合体育館で、井上ひさしの講演「世界の中の川西町」が開催された。井上はそこで遅筆堂文庫を「生きている図書館にしたい」と述べた。

「図書館は人が集まるところ、ある一冊の本をテーマに、書いた人も前にして、み

井上ひさし著作の棚

んなで語り合う。東京でも組み合わせがなかなかできないような人にきてもらって、一週間ぐらいぶっつづけで、大学よりも程度が高くて、おもしろさは各種学校なみという講座ができないか。映画がきたり、芝居をもってきたり」

九十六冊しか蔵書のなかった町で育った井上は、自分の蔵書による図書館を軸にして、故郷を文化的な町にしたいと考えたのだ。

作家と町民の交流

同年三月末からは遠藤征広さんが遅筆堂文庫の専従となり、ほかの三人の担当者とともに本の整理を開始した。このとき、征広さんはＮＤＣではなく、件名での分類を提案した。井上の蔵書にあった『大宅壮一文庫索引目録』を見て、東京都世田谷区の〈大宅壮一文庫〉に見学に行き、このほうが作家のこだわりを反映できるという確信を得た。

それから四か月間、ひたすら本を箱から出して並べる作業を行なった。整理用にパソコンも導入した。

「このときの運搬では手当たり次第に本を箱詰めしたので、井上家での本の並びを再現することができませんでした。その反省から、没後に鎌倉のご自宅から寄贈された本は、並んでいた通りに番号を振って管理しています」と、阿部孝夫さんは云う。

八月十五日、終戦記念日に遅筆堂文庫はオープンし、井上も出席する予定だった。しかし、体調不良で欠席することとなる。仮オープンしたのだが、このとき、娘でこまつ座代表（当時）の井上都さんが持参した原稿用紙には、井上自筆の「遅筆堂文庫堂則」が綴られていた。

「遅筆堂文庫は置賜盆地の中心にあり、置賜盆地はまた地球の中心に位す。我等はこの地球の中心より、人類の遺産であり先人の智恵の結晶でもある萬巻の書物を介して、宇宙の森羅萬象を観察し、人情の機微を察知し、あげて個人の自由の確立と共同体の充実という二兎を追わんとす。（略）町の有司、若人たちの尽力によりいまここに発足する当文庫は、有志の人びとの城砦、陣地、かくれ家、聖堂、そして憩いの館なり。我等は只今より書物の前に坐し、読書によって、過去を未来へ、よりよく繋げんと欲す」

農改センターの遅筆堂文庫は午前十一時三十分から午後八時三十分まで開館。館外貸し出しはせず、閲覧のみだったが、全国から利用者が来館した。

翌年三月、「遅筆堂文庫シンポジウム」を開催。井上の基調講演と図書館関係者とのディスカッションを行なった。このとき、はじめて遅筆堂文庫を見た井上は「自分のところにあったときは本が眠った状態だったけど、ここでは本が生き生きしている」と喜んだという。

同年八月には遅筆堂文庫で、「生活者大学校」を開催。農業関係者を講師に迎え、

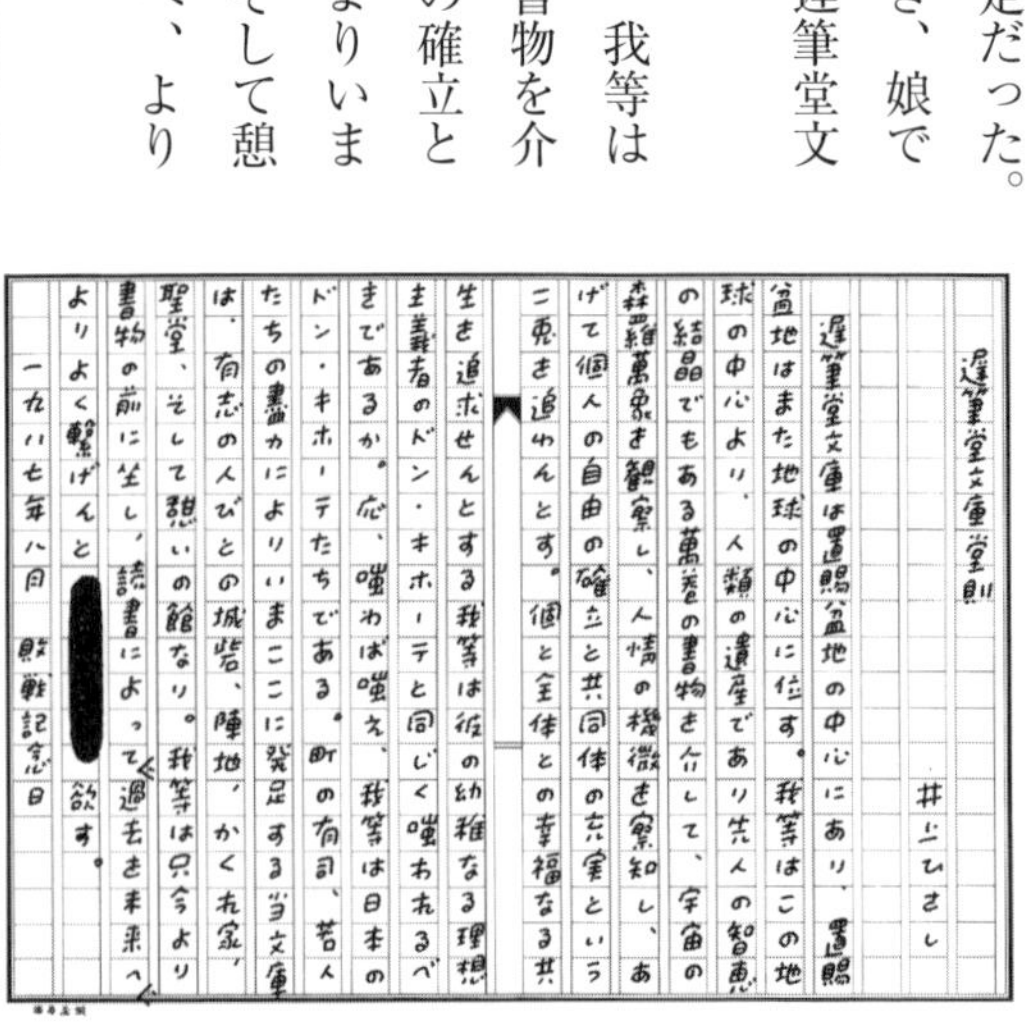
遅筆堂文庫堂則
井上ひさし
遅筆堂文庫は置賜盆地の中心にあり、置賜盆地はまた地球の中心に位す。我等はこの地球の中心より、人類の遺産であり先人の智恵の結晶でもある萬巻の書物を介して、宇宙の森羅萬象を観察し、人情の機微を察知し、あげて個人の自由の確立と共同体の充実という二兎を追わんとす。個と全体との幸福なる共生を追求せんとする我等は彼の幼稚なる理想主義者のドン・キホーテと同じく嗤われるべきであるか。応、嗤わば嗤え、我等は日本のドン・キホーテたちである。町の有司、若人たちの尽力によりいまここに発足する当文庫は、有志の人びとの城砦、陣地、かくれ家、聖堂、そして憩いの館なり。我等は只今より書物の前に坐し、読書によって過去を未来へよりよく繋げんと[redacted]欲す。
一九八七年八月　敗戦記念日

遅筆堂文庫堂則（提供：遅筆堂文庫）

三泊四日の手づくりの学校を開いた。校長はもちろん井上で、農民作家の山下惣一が教頭となった。その後、毎年開催されていく。

一九九四年、川西町フレンドリープラザが開館。遅筆堂文庫が農改センターから移り、別の場所から町立図書館も移転する。また、劇場を併設し、こまつ座の演劇やコンサートなどさまざまな催しを行なう。生活者大学校の会場であり、二〇一〇年に井上が亡くなったあと、二〇一五年から井上を偲ぶ「吉里吉里忌」も開催されている。

まさに、井上が夢想したように、図書館を中心に「人が集まるところ」が生まれたのだ。

「フレンドリープラザができてからも、井上先生は遅筆堂文庫によく立ち寄られました。本が積まれたのを見て、整理されないままになっていると誤解して怒られたこともありました（笑）。それだけ、本に対する愛情が深かったのだと思います」と、阿部孝夫さんは振り返る。

作家と町民の長い交流から生まれた、遅筆堂文庫の「本の海」。その心臓部とも云える書庫の中に分け入っていこう。

同姓同名の井上ひさし研究家

いよいよ、遅筆堂文庫の閉架書庫に入る。案内人は文庫の職員である遠藤敦子さんと井上恒さんだ。

遠藤さんは川西町の隣にある南陽市生まれ。地元出身ということで、井上ひさしを愛読し、一九七八年に山形市に来た作家の講演も聴いている。「図書館は市民に開かれたものであるべきだと話されていました」と振り返る。また、「山形こまつ座」のメンバーとしてチケットの販売を手伝ったりした。

「農改センターにあった頃の遅筆堂文庫でアルバイトしていたこともあります」

その後、県内にある個人記念館で学芸員として働いていたが、二〇〇七年、川西町フレンドリープラザに指定管理制度が導入され、NPO法人遅筆堂文庫プロジェクト（現・かわにし文化広場）が管理者となったのを機に、職員となった。

「この年の生活者大学校の打ち上げで、井上先生が編集者の方に私を紹介してくださったことに感激しました。先生はナスの漬物が大好物で、私の母が漬けたナスを出すと喜ばれて、舞台に上がる直前まで食べておられました（笑）」

以来、遅筆堂文庫と町立図書館で司書・学芸員として働きながら、井上の蔵書についてこつこつ調べてきた。いまでは遅筆堂文庫の生き字引として、さまざまな問い合わせに対応している。私もこれまで何度も教えてもらった。

『井上ひさし著作目録』第１～３編

そこに援軍として加わったのが、その名も井上恒《ひさし》さんだ。作家と紛らわしいので、恒さんと呼ぼう。

岩手県盛岡市に生まれた恒さんは、小学生の頃に『ブンとフン』を読み、「この人はなんてバカバカしいことを考えるんだろう」と面白がった。同姓同名であることから愛読するようになり、仙台の予備校に通っていた頃に、井上ひさしの講演を聞いたこともある。

「その頃、井上先生に「弟子入りさせてほしい。娘さんのひとりと結婚したい」という手紙を書いたけど、投函できませんでした。あまりにも強い個性に引き込まれてしまうのが怖くて、書かれたものだけと付き合っていくことにしました」と回想する。

井上ひさしが亡くなったあと、未完に終わった作品が多いことに気づき、作品リストをつくりはじめる。そのリストを、井上ひさしを研究する今村忠純さんに見せると、遅筆堂文庫を紹介されたという。

「最初にここに来たのは二〇一二年です。井上先生が集めた雑誌もあり、汲めども尽きない場所だと感じて年に何度か通いました」

二〇一九年に「井上ひさし研究会」が設立されると、恒さんも幹事になる。遠藤さんはこの際、恒さんに遅筆堂に腰を据えて研究してほしいと思い、町に相談する。その結果、二〇二一年から三年間、「地域おこし協力隊」の隊員として遅筆堂文庫で働くことになったのだ。恒さんは愛犬のソーニャとともに札幌から単身赴任してきた。

図書館の仕事をしながら、井上ひさし文献の調査を行う。二〇二一年三月には『井上ひさし著作目録　基本編』を刊行。全刊行書籍を五十音順に配列。目次や装丁者・解説者などのデータも詳しく入っており、使いやすい。

その後、第二編「雑文一覧」、第三編「発言一覧」を刊行。「いまは放送作家としての仕事と井上作品のテレビ・ラジオ化の目録を準備中です」と話す恒さんは、水を得た魚のように遅筆堂文庫のなかを自在に泳いでいる。

書庫の入り口

主に導かれ、書庫の中へ

頼もしい二人の先導で、閉架書庫に入る。

集密書架の側面に書かれている分類記号は、「研究室」のものと同じく、井上ひさし独自のものだ。

ただ、一般の閲覧者が手に取って見られる研究室と異なり、書庫にはより貴重な資料を収めている。分類のうち、A＝言語、B＝江戸、C＝地図、E＝文学賞選考本は、研究室にはなくこの書庫だけにある。

「言語、江戸、地図は井上さんの仕事の基本とも云えるもので、特に貴重な本が多いので書庫にのみあります」と、遠藤さんは説明する。F＝貴書が書庫にしかないのは当然だろう。

井上はことばについて、小説やエッセイで多様なアプローチを試みている。なかでもＮＨＫでドラマ化され、のちに演劇にもなった『國語元年』は、近代の日本語の成立の過程を探る作品。私も高校生の頃にドラマを観て、「全国共通の日本語ってこうやってできたんだ」と驚いた。

「ここにある山本正秀『近代文体発生の史的研究』（岩波書店）には、同作のモデルとなった西村茂樹についての記述を細かくチェックしています」と、遠藤さんは云う。

また、『広辞苑』の各版もある。第三版の扉には「『新村出』がない。『ベクレル』なし。これはマヅイ！」の書き込みがある。

「新村出は『広辞苑』の編者です。ベクレルは放射能の単位です。この三版が出たのは一九八五年で、翌年にチェルノブイリ原発での事故が起きます。先を見通していることにゾクッとしました」と遠藤さん。

江戸の棚には、忠臣蔵に関する約三百冊がある。小説『不忠臣蔵』や戯曲『イヌの仇討』で活用された。

井上は神保町の〈小宮山書店〉から、あるコレクターが集めた忠臣蔵に関する一括資料百三十五冊を購入。それを一冊ずつ丁寧にめくってみると、福本日南『元禄快挙録』のページの間から、新聞の「愛読者くじ」が見つかった。他にも見つかっ

言語に関する本が並ぶ棚

遅筆堂文庫の閉架書庫

たものを元に、コレクター氏がどんな人物だったかを想像して楽しんでいる（「頁間を読む」、『井上ひさしコレクション　ことばの巻』岩波書店）。

このようにページの間に挟まっているものや本への書き込みを、「痕跡本」として楽しむ変わり者が最近出てきたが、井上はもっと前からそれを実践していたのだ。

もちろん、紙へのフェティシズムということだけでなく、資料と格闘した作家らしく、この文章には本を集めた先人への敬意も込められている。

書き込みに作家の精神を見る

地図に関する資料も、集め方が半端ではない。小説『四千万歩の男』を書く際には、伊能忠敬の自筆の測量術の教科書『測遠要術』を二百万円で入手したという。のちに井上が蔵書を手放すという話を聞きつけて、千葉県が『測遠要術』を含む伊能忠敬関係の資料を譲ってほしいと云ってきた。

「「ほかの本はどうするんですか」と聞いたら、「忠敬の資料以外はまた古本屋に引き取ってもらいます」と言うんです。（略）腹を立てました、このときは。「うちには雑本も多い。だけどこれはみんなわけがあって集めたもので、貴重なものなんです」と怒鳴りました」（『本の運命』文藝春秋）

このとき千葉県が井上の蔵書をそっくり受け入れていたら、いまの遅筆堂文庫は

『広辞苑』の書き込み

伊能忠敬自筆『測遠要術』

存在していない。その意味でも、伊能関係の資料は重要なのだ。

もっとも、同書では二百万で入手したとある『測遠要術』だが、購入した時のたすき状の値札には「九拾万」とある。すべての痕跡を保存するという遅筆堂文庫の原則によって、皮肉にも、作家自身の勘違いが判明したわけだ。

また、R＝著作資料にも、ある本を書くために集めた資料をまとめて配架している。たとえば、「樋口一葉」は演劇『頭痛肩こり樋口一葉』などのために集められたもの。「狸」は小説『腹鼓記』のための資料約八十冊。井上は神保町の古本屋に「狸」と「狐」のタイトルが付いた本を集めるように依頼した。「こうして神田から、狸と狐の本が全部消えてしまった（笑）」（『本の運命』）。

のちにスタジオジブリがアニメ映画『平成狸合戦ぽんぽこ』をつくる際、高畑勲監督と鈴木敏夫プロデューサーが遅筆堂に見学に来たという（『ここが地球の中心　井上ひさしと遅筆堂文庫』山形県川西町）。

棚を眺めているだけでも、興味深い本が次々見つかるし、遠藤さんと恒さんが交互にいろいろ見せてくるので、なかなか先に進まない。嬉しいけど困った。

書庫見学の最後に、お二人に「お気に入りの資料は？」と聞いてみる。

遠藤さんが持ってきたのは、『和田芳恵全集』第四巻（河出書房新社）だ。この巻には和田が打ち込んだ樋口一葉の研究がまとまっている。

「「小説が金になるのを、母も妹も待つてゐたらうし、」という部分に赤線が引か

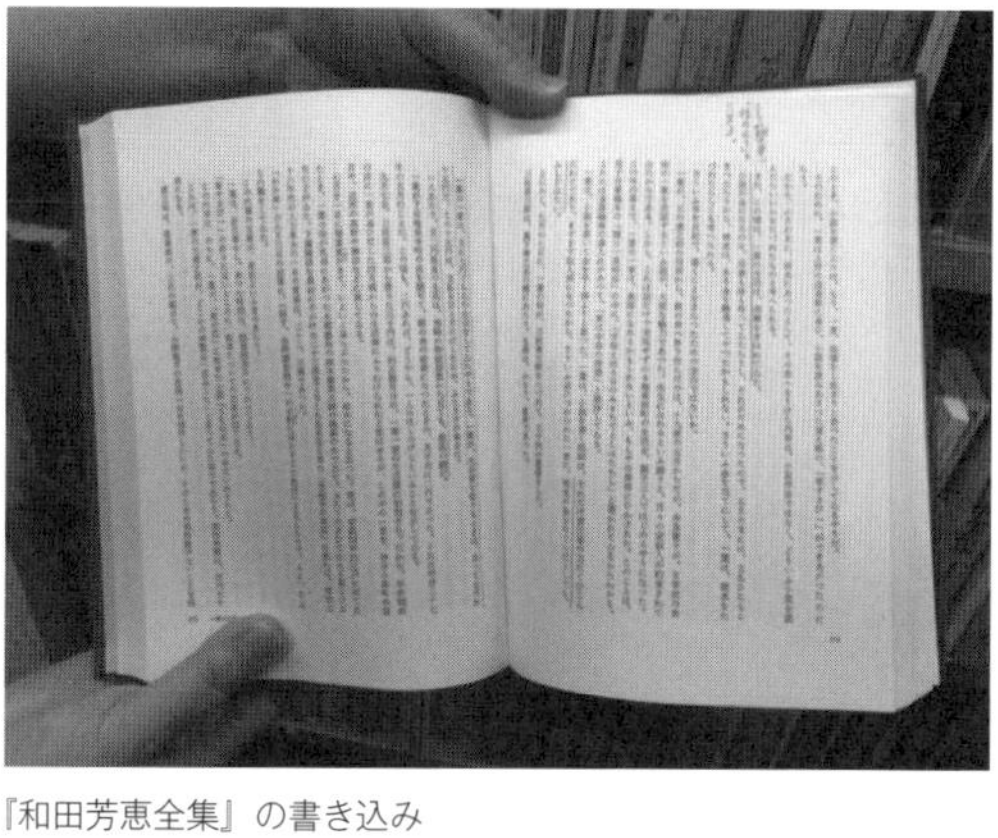
『和田芳恵全集』の書き込み

『チェーホフ全集』の背表紙

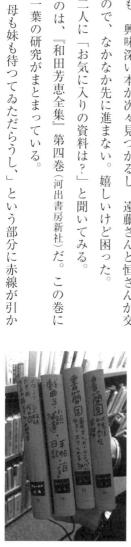

れ、「こう簡単に「待たれ」ても困る」と書き込んであります。ここに同じ作家として井上先生が一葉に寄せた思いが見える気がします」

一方、恒さんが選んだのは、『チェーホフ全集』全十八巻（中央公論社）。井上はこの作家を愛読し、晩年にチェーホフを描いた戯曲『ロマンス』を書いた。全集の各巻の背表紙に手書きで内容を書き込み、使いやすくしている。

「本文にも傍線や書き込みが多いです。特に『三人姉妹』には膨大な書き込みがあり、それを拾っていけば井上先生の『三人姉妹論』ができるほどです。作家の本質である「笑い」の原点にも関わる蔵書だと思います」

恒さんはいま、この全集の書き込みの分析を行なっているそうだ。

なお、フレンドリープラザにはこの閉架書庫とは別の場所に、井上ひさし家から寄託されたノートや手紙類、スクラップブックなどが収蔵されているが、いまのところ公開されていない。整理が進み、順次公開されることを望みたい。

分室の貴重な雑誌群

井上ひさしの蔵書があるのは、フレンドリープラザだけではない。

二〇〇八年、山形市の洋菓子店〈シベール〉の本社敷地内に「〈遅筆堂文庫山形館〉が開館した。劇場を含む複合施設〈シベールアリーナ〉を建てるというシベールの社長の構想に、井上が賛同するかたちで実現した。蔵書は川西町の遅筆堂文庫から約二万冊を貸し出すかたちをとった。

それを運営する財団の事務局長となったのが、遠藤征広さん。井上ひさしと川西町をつないだ立役者であり、名著『遅筆堂文庫物語』の著者である。私は数年前に、この山形館を訪れて遠藤さんにお会いしている。

シベールは二〇一九年に経営破綻したが、総合化学メーカーの東ソーがシベールアリーナの命名権を獲得し、二〇二〇年に〈東ソーアリーナ〉と改名。遅筆堂文庫山形館もこれまで通り存続したのは、ひとまず良かった。

川西町に話を戻す。

膨大な数のある井上蔵書は、フレンドリープラザだけでは収容できず、別の場所にも置いてある。それが〈川西町交流館あいぱる〉だ。

同施設は旧川西町立第二中学校の校舎を活用したもので、同校の校歌は井上ひさしが作詞し、井上と『ひょっこりひょうたん島』などでコンビを組んだ宇野誠一郎が作曲している。

その歌碑があいぱるの入り口にあるが、「ひたすら　ひとすじ　ひたむきに／よく聞き　よく読み　よく学べ／（略）川西二中に　ことばあり」というフレーズが、じつに井上ひさしらしいと感じた。なお、第二中学校は統合されて川西町立川西中学校となったが、この校歌はいまも歌われている。

川西町交流館あいぱる

川西町立第二中学校の校歌碑

作家のゆかりのあるこの施設の二階の四つの部屋に、以前の遅筆堂文庫があった農改センターから蔵書を運び終わったのは、二〇一五年。それ以来、遅筆堂文庫分室として閲覧希望者に公開している。

「ここにあるものは雑誌が中心です。井上先生のもとにあった文芸誌から業界誌、時刻表、パンフレット、チラシまで多種多様で、捨てないことへの執念を感じます」と、遠藤さんは云う。私もここには何度か訪れているが、そのたびに物量に圧倒された。

遅筆堂文庫プロジェクトの阿部孝夫さんが中心になって、コツコツ整理されてきたが、カオスな状態がかなり続いていたらしい。しかし、今回見たところ、雑誌はタイトル別に棚に並べられたり、箱詰めされたりして、全体像が見えてきた。

多彩な仕事をした作家だけあり、送られてくる雑誌だけでも尋常な量ではない。しかし、井上は自らさまざまな雑誌を入手している。農業、野球、医学、音楽、映画、経済、地域、食べ物、ファッション……。小説やエッセイに利用したものもあったはずだが、それ以上に、目についた雑誌は買い込んでしまう習性があったのだろう。

図書館に所蔵されている雑誌も多いが、地方で発行されている雑誌やミニコミ、PR誌の類は、入手しようと思っても困難な場合が多い。貴重なものだ。

また、古書店から届く古書目録も段ボール箱に十箱以上あった。中を見てみれば、井上がどんな本にチェックしたかが判るはずで、関心の向き方を知る手がかりになるだろう。

古書目録を収めた箱

遅筆堂文庫分室の一室

さらに、鎌倉の井上家にあった蔵書も、井上の没後に定期的に送られてくる。約一万五千冊が並んでいるが、まだまだ増えるらしい。

そういえば、前に来た時に面白い雑誌を見つけたっけ、と記憶にある場所に行ってみると、見つからない。整理の過程で別の場所に移されたようだ。気になって探し回っているうちに、遠藤さんが見つけてくれた。さすが遅筆堂の主だ。

その雑誌は『王様手帖』といい、パチンコ屋で配布していたフリーペーパーだ。がんで亡くなったパチプロ田山幸憲の日記が連載されていたことで知っていたが、現物を見るのははじめてだ。表紙の絵はますむらひろし。青山光二や秋山駿の名前があり、中を開くと赤瀬川原平、山田太一、土井たか子らのインタビューが掲載されている。面白い！

「でも、井上先生は耳がよすぎて、パチンコ屋にいるとうるさいからやらないと、エッセイで書いていますけどね」と、恒さんが首をひねる。縁のない場所の雑誌でも、どこからか入手しているところがスゴいのだ。

文庫が作家研究を発展させる

井上ひさしが故郷の町に夢見た「地球の中心」の図書館・遅筆堂文庫。作家が没したあとも、その遺志を継ぐ人たちによって、遅筆堂文庫は存続するだけでなく、日々、

『王様手帖』

成長している。

毎年の吉里吉里忌には作家を敬愛する人たちが全国から集まり、井上ひさし研究会の事務局もここに置かれている。

さらに、蔵書を利用することで、井上ひさしの研究が進展している。

二〇二二年、井上が二十四歳で書いた戯曲『うま』の原稿があるところで発見された。そのことは、テレビ番組の「開運！なんでも鑑定団」で取り上げられ、ニュースにもなった。

その原稿の現物は、四月の吉里吉里忌で展示されたが、その際に裏表紙の裏側に井上が執筆年を書き込んでいるのを発見したのが、遠藤さんだった。この戯曲は『うま　馬に乗ってこの世の外へ』として集英社から刊行された。

同じく二〇二二年、『週刊文春』に連載されたが、単行本化されないままになっていた小説『熱風至る』が幻戯書房から全二巻で刊行された。

新選組を描いたこの小説のために井上ひさしが集めた資料も、遅筆堂文庫にある。恒さんはこれらの資料を調査し、付箋やメモなどの痕跡をチェックした。その成果を同書の巻末に「参考文献一覧（抄）　井上ひさし旧蔵書より」として発表した。同作を読んで関心を持った人が、遅筆堂文庫で資料を見る際の手がかりになる。

それもこれも、川西町が井上ひさしの蔵書を全部受け入れ、長年かけて整理してきたおかげだ。一九八七年の遅筆堂文庫開館から三十数年が経つが、その間、川西町は方針を変えなかった。選挙のたびに方針が変わる自治体が多いだけに、そのことが稀有に思える。

フレンドリープラザの人たちも、作家への敬意を持ち続けており、遅筆堂文庫の運営、吉里吉里忌の開催、こまつ座の上演などを行なう。井上関連だけでなく、この施設では演劇、音楽、映画、落語など毎週のようにイベントが開催されており、県内から多くの人が集まる。その点でも「地球の中心」になっているのだ。

毎年開催される一箱古本市でも、フレンドリープラザのみなさんは出店者やお客さんに対して気持ちよく接してくれる。だから、毎年来たくなるのだ。

なによりも、私たちがはじめた一箱古本市というイベントが、子どもの頃から愛読してきた井上ひさしのゆかりの場所で開催されていることが誇らしい。本に関わる活動を続けてきて、本当によかったと思う。

遅筆堂文庫を守ってきた遠藤さんは、二〇二二年三月で定年を迎えたが、新年度以降も週に数日通うことになっている。二〇二三年度で地域おこし協力隊の任期を終える恒さんは、「やれることを精一杯やります」と話す。新たに遅筆堂文庫に関わる人が必要になるかもしれない。

これから先も、遅筆堂文庫という場所が、それを守る人たちによって、ここにあり続けることを願う。この場所はすでに、井上ひさしという個人を超えて、さまざまな人たちが本によってつながる「地球の中心」になっているのだから。

遅筆堂文庫
〒999-0121
山形県東置賜郡川西町大字上小松 1037-1
川西町フレンドリープラザ

本を未来へ

国立ハンセン病資料館
長島愛生園 神谷書庫
大島青松園
新潮社資料室
日本近代文学館

国立ハンセン病資料館

患者たちの手で集め、守った資料

〈国立ハンセン病資料館〉の書庫を見たいと思ったのは、ＹｏｕＴｕｂｅで観た一本の動画がきっかけだった。

二〇二二年三月に同館が開催したオンラインミュージアムトーク「図書室からの招待状～頁をめくり、想いを辿る～」は、図書室職員の斉藤聖《あきら》さんが閲覧室や書庫を案内し、この図書室の役割を伝えるものだった。斉藤さんの優しそうな風貌やソフトな語り口が心地よく、見入ってしまった。

私はハンセン病については無知だ。映画『砂の器』（野村芳太郎監督、一九七四）で、私が偏愛する俳優の加藤嘉が演じたハンセン病患者の老人が故郷を追われ、各地をさまよう場面が印象に残っているぐらいだ。ちなみに、松本清張の原作にはこうい

った描写はない。

しかし、この連載を担当してくれている晴山生菜さんが代表を務める皓星社は、『ハンセン病文学全集』全十巻（二〇〇二～二〇一〇）をはじめ、ハンセン病関係の書籍を多く刊行している。しかも、動画に登場する斉藤さんはもともと皓星社の縁で同館に関わるようになったというのだ。

晴山さんによれば、近年、ハンセン病資料館の活動は活発になっており、展示や外部への発信も盛んだという。私のようにＹｏｕＴｕｂｅをきっかけに、同館に関心を持つ人も多いのだろう。二〇二二年七月には来館者総数五十万人を達成するなど、新型コロナウイルス禍であることを差し引いても、来館者は増加傾向にあるようだ。そのような情報を手がかりに、私にとっては未知の世界を訪れてみよう。

清瀬駅からハンセン病資料館へ

七月一日、清瀬駅からバスに乗る。商店街を抜けると、そこから先は国立看護大学校、救世軍清瀬病院、東京病院など、医療関係の施設が目に付く。昔は「病院銀座」と云われていたそうだ。

「ハンセン病資料館」というバス停で降りる。道を渡ってすぐのところにあるのが、国立ハンセン病資料館だ。ハンセン病問題に関する正しい知識の普及啓発によって

『ハンセン病文学全集』

偏見・差別の解消をめざす目的で、一九九三年に〈高松宮記念ハンセン病資料館〉として開館。二〇〇七年に国立ハンセン病資料館となった。同館の奥は、〈国立療養所多磨全生《ぜんしょう》園〉の敷地になっている。

ハンセン病は古来、「癩《らい》病」と呼ばれ、差別の対象となってきた。一九〇七年（明治四十）には「癩予防ニ関スル件」が公布され、全国を五区域に区分し、各地に公立療養所がつくられた。一九〇九年（明治四十二）に設立された全生《ぜんせい》病院が、のちに多磨全生園となる（以下、ハンセン病の歴史については『国立ハンセン病資料館常設展示図録２０２０』を参照）。

一九三一年（昭和六）には、「癩予防法」によって、すべての患者を強制的に療養所に隔離できるようになった。これにより、一九三四年（昭和九）に二十歳で全生病院に入院したのが、北條民雄である。北條は川端康成に小説を送ったところ激賞され、『いのちの初夜』が文學界賞を受賞するが、二十三歳で亡くなる。

北條はこの地にやって来たときの心境を、『いのちの初夜』でこう綴っている。

「一時も早く目的地に着いて自分を決定するより他に道はない。尾田はこう考えながら、背の高い柊の垣根に沿って歩いて行った。（略）彼は時々立止って、額を垣に押しつけて院内を覗いた」（田中裕編『北條民雄集』岩波文庫）

全生病院の敷地は三メートル近いヒイラギの垣根と堀で囲まれていた。ヒイラギは一般社会と患者の世界を隔てるものであり、患者の脱走を防ぐものでもあった。

ハンセン病は、「らい菌」という細菌に感染することで引き起こされる感染症の

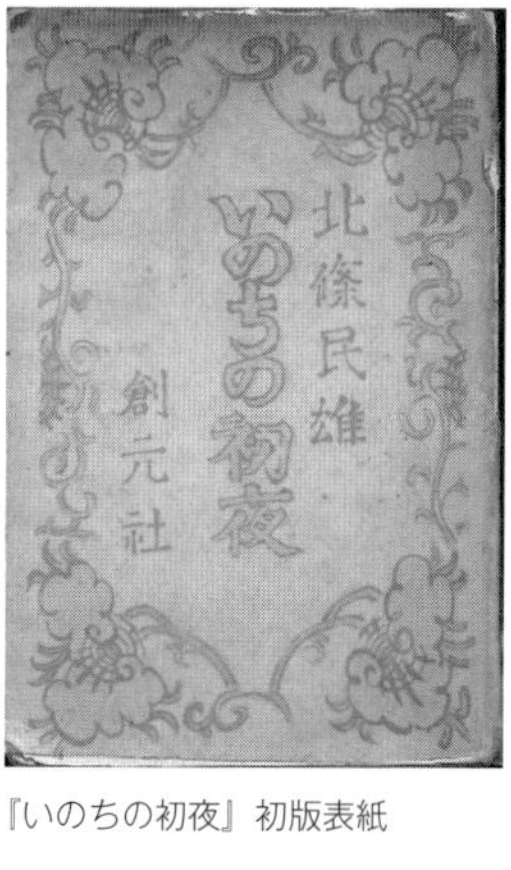

『いのちの初夜』初版表紙

一種だ。戦後、プロミンという特効薬によって、回復する患者が増えていった。しかし、国は従来通りの隔離政策を続け、多くの人が治った後も故郷や家族のもとに帰ることができず、療養所で亡くなった。

現在、全国に国立十三、私立一のハンセン病療養所があるが、入所者の高齢化などにより、その人数は年々減少している。

病と差別に関する資料群

ハンセン病資料館の図書室は二階にある。入り口で斉藤聖さんが迎えてくれる。動画と同じく、柔らかい人柄だった。

「皓星社にいた大学の後輩から、ここで資料をデータ化する仕事を紹介されました。当時はハンセン病については何も知らなかったです」と話す。前任者の退職に伴い、二〇二一年に正規の職員となる。働くうちに、ここにあるものが他に替えがきかない、貴重な資料であることが判ってきたという。「本好きの自分にとっては天職みたいな職場ですね」と笑う。

早速、閲覧室の奥にある書庫に案内していただく。

図書室の蔵書数は現在三万六千点。そのうち書庫に収蔵されているものは約二万点だ。ＮＤＣで配列されるものと、特殊分類の資料がある。

谺雄二・趙根在共著
『ライは長い旅だから』

後者のうち「H」が付くのは全国のハンセン病療養所や海外の療養所、関連団体・施設に関する資料だ。各療養所の年報や周年誌、報告書などが並ぶ。

全生園関連では開院当初から発行されている『統計年報』とともに、『予定献立表』『国内諸行事プログラム』などと、テプラ（印字機）で作成されたタイトルが貼られ、製本されたものもある。これらは後述する山下道輔さんらの手になるものだ。

「図書室の資料には図書資料と文書資料があります。図書資料は書籍や雑誌、ファイル類などで、文書資料は私文書や書簡などです。後者は別の収蔵庫に入っています。ただ、このように合本された一部の文書資料は図書資料扱いになることもあります」と、斉藤さんが解説する。

療養所関係で重要なのは、各療養所が発行する機関誌だ。全生園では一九一九年（大正八）に『山桜』が謄写版で創刊。一九五二年に『多磨』と改題し、現在も発行されている。これらの雑誌には園内での患者の生活や感情が反映されており、利用度も高い。そのため、閲覧室に開架されている。

このほか、一九五三年に成立した「らい予防法」への反対闘争や、一九九六年に同法が廃止された後に行なわれた国家賠償請求訴訟（二〇〇一年に国が控訴断念）に関する資料も並んでいる。新聞記事をファイリングしたものも多い。

また、ハンセン病に限らず、水俣病、同和問題など、病と差別に関する資料を広く集めている。

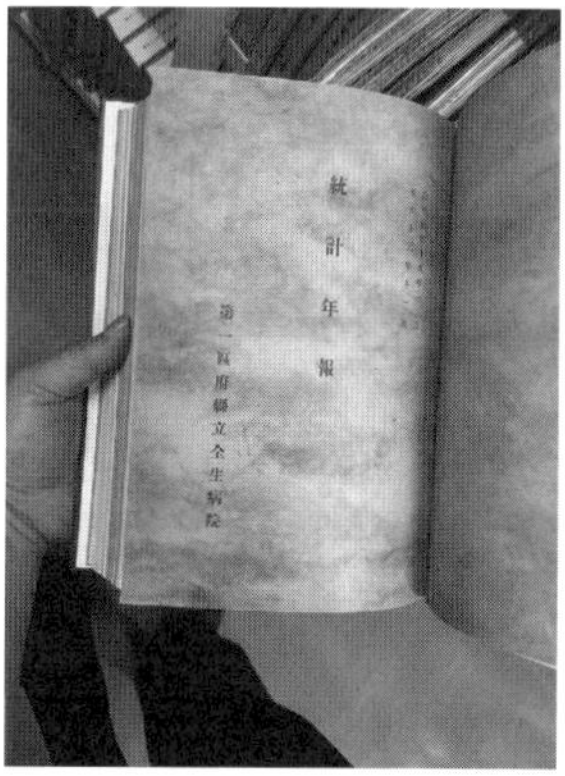

『統計年報』

閉架書庫内

「ハンセン病」の一言を追いかけて

一方、NDCで配列された資料では、やはり、494．83（ハンセン病）が最も多い。海外の研究書も多い。次に多いのは900番台の文学で、療養所内で短歌、俳句、詩、小説などの創作活動が盛んだったことを示す。それ以外では、ハンセン病者が療養した草津温泉に関する本や、被差別、天皇制、人権問題に関する本が目に付いた。

タイトルに「らい病」「ハンセン病」と入っていない本でも、どこかに記述があれば、スタッフ用の検索システムでヒットするようになっている。

雑誌の棚には学術誌のほか、ハンセン病関連記事が載った一般誌もある。熊本ホテル宿泊拒否事件（二〇〇三）のルポが載った『女性セブン』、実在の回復者をモデルとした「すばらしきかな人生」掲載の『ビッグコミック』など。

別の棚には、写真家の趙根在《チョウグンジェ》さんの蔵書約四千冊が並んでいる。趙さんは一九六一年に全生園を訪れたことから、全国の療養所で患者を撮影。指先に知覚麻痺のある視覚障碍者が舌で点字を読む様子を撮った写真が印象深い（『この人たちに光を　写真家趙根在が伝えた入所者の姿』国立ハンセン病資料館展示図録）。一九九七年に亡くなった後、寄贈された蔵書にはハンセン病関連はもちろん、歴史や民俗、文学に関する本も含まれる。本人が残したメモや付箋もそのままにされている。

なお、取材後の二〇二三年二月から五月に、埼玉県東松山市の〈丸木美術館〉で「趙

根在写真展　地底の闇、地上の光―炭鉱、朝鮮人、ハンセン病―」展を開催。国立ハンセン病資料館の協力のもと、趙根在が撮影した写真二百九点を展示した。私も観に行ったが、多磨全生園での患者の生活を撮った写真に圧倒された。

また、一番奥の棚にはマイクロフィルム化された資料の原本が、中性紙の箱に入れて保存されている。いずれも貴重なものばかりだ。その中には園内で子どもたちが通った「全生学園」の児童文芸誌『呼子鳥』（一九三四年創刊）や、映画『砂の器』の脚本もある。

書庫を一通り見終えて、これまで知らなかったハンセン病の世界に、本を通じて少しだけ触れられた気持ちになった。

全生図書館の時代

ハンセン病資料館の図書室が現在のようになるまでには、多くの人たちの血がにじむような努力があった。

全生病院に図書館ができたのは、一九二一年（大正九）。娯楽場内の一画だった（以下、全生園の歴史については、多磨全生園患者自治会編『倶会一処《くえいっしょ》　患者が綴る全生園の七十年』一光社　を参照）。雑誌『山桜』を創刊した栗下信策の熱意に基づくものだった。ここで所蔵されていたのは、一般教養のための書籍や雑誌が中心だったようだ。

趙根在旧蔵書

『Leprosy Review』の合本

一九三六年（昭和十一）には、新しい図書館が竣工。〈全生図書館〉となる。建材は上野の〈帝室博物館〉（現・東京国立博物館）を解体した際、一部を払い下げてもらったという（『ガイドブック　想いでできた土地』国立ハンセン病資料館）。現在、この建物は理髪・美容室となっている。「蔵書も沢山あり良く利用したものだ」（「写真で綴る思い出ａｌｂｕｍ」、『多磨』二〇一〇年一月号）という回想もある。

この図書館の担当だったのが、入所者の松本馨だった。松本は「いつかは、われわれが「らい」の歴史を告発しなければ、と、そのころから考えており、そのため「らい」の文献だけの書棚を作り、貸し出しはせずに、カギをかけて保管していた」（瓜谷修治『ヒイラギの檻　20世紀を狂奔した国家と市民の墓標』三五館）。

その後、松本は子どもの患者たちが暮らしている少年舎の寮父となり、数年後に戻ってみると、ハンセン病関係の資料を収めた書庫は無残な状態になっていた。「北条《ママ》民雄のものを集めた「北条文庫」も消え、本らしい本は残っていなかった」という。

北條民雄の蔵書については、別の証言もある。北條とともに全生園で暮らした光岡良二は、北條の没後、形見分けとして蔵書から何冊かもらった。あとの本は全部患者図書室（全生図書館）に寄贈するつもりだった。

しかし、病院側から「患者図書館内に「北条文庫」を作って永く記念するつもり」だから形見分けした本を返せと云われる。光岡らは生前の北條を厄介者扱いした病院当局が、死後、北條が文壇で知られるようになったことを利用しようとすることに怒った。

マイクロフィルム化された資料の原本

「昭和二十三年、私が七年間の隔たり（引用者注・社会復帰のこと）をおいて再入院して来た時、患者図書館の書庫の「北条文庫」の棚は、どの全集もほとんど数冊の端本となり、北条の蔵書とは何の関係もない雑本が混り込み、惨憺たる荒廃の姿を曝していた。（略）当局がわざわざ設けた記念文庫にふさわしい管理の責任と誠意をそそいでいなかったことは明らかであった」（光岡良二『いのちの火影　北条民雄覚え書』新潮社）

入所者にとって、図書館は「娯楽というより救いのオアシス」で「苦しい療養生活を支えてくれた大きな柱」だったことは間違いない（柴田隆行「解題にかえて」、山下道輔『ハンセン病図書館　歴史遺産を後世に』社会評論社）。しかしその一方で、ハンセン病関係の資料はないがしろにされていたのだ。

山下道輔さんとハンセン病図書館

そこに登場するのが、前に触れた山下道輔さんだ。以下、『ハンセン病図書館』『ヒイラギの檻』に拠って経緯を見ていく。

山下さんは一九四一年（昭和十六）二月に、十二歳で同じ病気だった父とともに全生病院に入った。この年七月には、全生病院は厚生省の所管となり、〈国立癩療養所　多磨全生園〉と改称される。

翌年、山下さんは少年舎〈祥風寮〉に入る。ここで寮父の松本馨と出会う。松本は十七歳のとき、ハンセン病と宣告されて自殺を決意するが、「おれは何のために生まれたのだ」という問いを解くために踏みとどまっている。そういった体験を持つだけに、少年舎の子どもたちを熱心に指導し、小説を読み聞かせ、作文と詩を書かせた。このとき山下さんと一緒に学んだのが、のちの詩人・冴《こだま》雄二だった。

一九六六年、活動の停滞により自治会が閉鎖される。その後、一九六九年に再建されるが、そのとき中心となったのが松本だった。自治会は全生園創立六十周年記念事業として、全生図書館内に〈ハンセン氏病文庫〉を設置することに決めた。そこにはハンセン病の資料を残すことが自分たちの責務であるという、松本の強い思いがあった。

山下さんは当時、全生図書館の図書委員だった。

「そのとき山下が、「おとっつぁん、オレに資料やらせてくれ。資料に一生かける」と申し出て、資料室の責任者を任された」（『ヒイラギの檻』）

その言葉通り、山下さんは冴をはじめ各地の療養所の知人に、手紙で資料の寄贈を依頼。神保町や園の周囲の古本屋をめぐり、ハンセン病関係の資料を収集した。

一九七七年、創立七十周年記念事業として、鉄筋コンクリート造りの〈ハンセン氏病図書館〉が建てられる（のちに〈ハンセン病図書館〉と改称）。この場所には、かつて〈秩父舎〉があり、北條民雄が暮らしていた。名作『いのちの初夜』が生まれた場所に図書館ができたとは、縁を感じる。

山下さんの資料収集はここで本格化する。二代目園長だった林芳信が亡くなった

『ハンセン病図書館　歴史遺産を後世に』

ときには、その蔵書を受け取りに行く。これが〈林文庫〉として、ハンセン病資料館に所蔵される。

また、自治会長の松本が業務で各地の療養所に出向く際には付き添って、各園の本棚に同じ本が二冊並んでいると、一冊寄贈してもらうよう頼んだ。

「当時の私の頭には「ハンセン病に関する本ならどんな本でも手に入れたい」という思いしかありませんでした」（『ハンセン病図書館』）

「ハンセン」という単語に反応しすぎて、プロレスラーのスタン・ハンセンが出てくる本まで入手したというエピソードもある（山下さんと交流の深い写真家・黒崎彰氏のインタビューより）。本好きなら共感してしまう、行きすぎたハマりっぷりだ。

林文庫と並んで、同館の重要な資料が、『見張所勤務日誌』だ。園内の巡視の報告、郵便、死亡、葬式、面会、帰省などが記録されており、「当時の患者がいかに園・職員の支配下にあったか、それを証明する第一級の資料」だ（『ハンセン病図書館』）。園が所有していたこの資料が処分されようとしたとき、山下さんらが駆け付け、荒縄でくくられたそれらを救出した。

『見張所勤務日誌』はかなり傷んでいたため、製本に詳しい知人が入所者の「佐藤さん」に指導しながら、製本を進めた。その後、山下さんと佐藤さんは自分たちで六百冊以上を製本したという。佐藤さんが手がけた製本は、いまもハンセン病資料館の図書室にあるが、プロ並みにしっかりした出来だ。

山下さんは司書としての教育を受けておらず、独自のやり方でハンセン病図書館を運営した。そのどれもが、ハンセン病の専門図書館という特殊性を踏まえたものであることに感心する。

同館ではNDCに拠らず、「短歌」「俳句」「論文」「ハンセン病資料」などに分類し、それらをまず全生園を先頭に、療養所単位で並べていく。

療養所の機関誌が重要な資料であることは前に触れたが、同館では全生園が出していた『山桜』のある年の号がごっそり抜けていた。山下さんは全生園の医局の図書館から借りだした原本を手書きで筆写した。不自由な体で根を詰めすぎて、入院するほどだった。

資料を集めるとともに、それが活用されなければ意味がないとも考えていた。ハンセン病について調べる研究者や学生に全面的に協力し、資料の館外貸し出しも行なった。その代わり、彼らの論文が発表されるとそれを寄贈してもらう。そうやって、蔵書を充実させていったのだ。

その後、本だけでなく、入所者の生活に関する物品も集めるようになり、二年後にそれらを収容するプレハブ小屋も建てた。

『ハンセン病図書館』には、山下さんの話をもとに同館の見取り図が描かれている。「山下の城　ここで実に多くの人と本について語りあった」という一文に胸が詰まる。ここにはたしかに、本がつないだ人の縁があった。

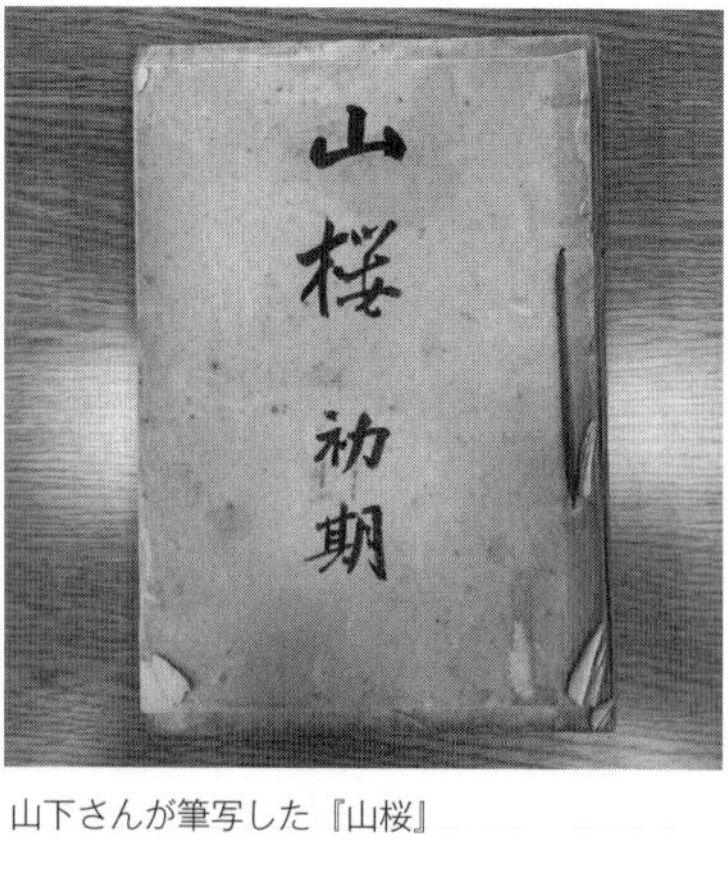

山下さんが筆写した『山桜』

「資料を集めて、保存して、そこから利用者が希望する資料を探し出しては提供する。それを手にしたときの利用者の方の喜ぶ顔が何より自分への褒美でした。人の役に立てるというのは、生きている甲斐があるというものです」（『ハンセン病図書館』）

ハンセン病図書館から、ハンセン病資料館図書室へ

一九九三年、全生園の隣に高松宮記念ハンセン病資料館が開館した。ハンセン病の資料を収集保存するという趣旨に賛同し、山下さんはハンセン病図書館の蔵書の一部を寄贈する。しかし、資料館が貸出に消極的な姿勢をとっていることについて不満を持ち、「資料を保存することも大切ですが、それを死蔵させてはいけないと思います」（『ハンセン病図書館』）と述べている。その後も、外部のボランティアと一緒に資料の整理に携わっている。

「当時の図書室は一階の入り口近くにありました」と、二〇〇一年から資料館の図書室で働くようになった福富裕子さんは話す。二〇〇七年、資料館が国立となり、施設がリニューアルした際に図書室はいまの場所に移る。

資料館の国立化にともない、山下さんは自治会長からハンセン病図書館が閉鎖されることを告げられ、呆然とする。資料館とハンセン病図書館は別の組織であり、国立化は理由にならないと思うのだが、いまとなっては自治会の真意は判らない。

ハンセン病図書館は二〇〇八年に閉鎖され、蔵書のうち大部分は資料館の図書室に移された。林文庫もここに含まれる。それ以外の資料は、それまでの経緯に釈然としない思いを抱いていた山下さんが、『見張所勤務日誌』のように一部の貴重な資料を親友である谺雄二さんに託した（現在は資料館が所蔵）。現在、閲覧室には、約五千冊の旧蔵書が並ぶ。

山下さんは「資料集めは、遅れてやってきた、わたしの「らい予防法闘争」だ」と語った（『ヒイラギの檻』）。ハンセン病に関する資料を集め、研究者に提供することで、国のハンセン病に関する姿勢を告発しようとしたのだ。

それとともに、山下さんにとって若い頃から本はなくてはならないものであり、本を集めることが生き甲斐だった。そして、自分が集めた資料の価値を理解してくれる研究者を全力で応援した。

「山下さんから「ハンセン病に興味のある学生が来館したら紹介してほしい」と云われて、何人か紹介しました。あとで論文を書いた人もいます」と、福富さんは話す。若い人にハンセン病研究の未来を託したいという気持ちがあったのだろう。

開館以来、資料館の運営団体は三度変わっている。図書室も以前は利用しにくい面があったが、現在では開かれた図書室へと変化している。

現在は、所蔵資料のデータベース化が進み、レファレンスにも丁寧に対応する。館外貸し出しを行なうのは、国立の資料館の図書室としては異例だが、山下さんの

『詩集 いのちの芽』左は岩波文庫版

ハンセン病図書館の伝統を受け継いだと思えば納得する。

「ハンセン病に関して何かしたいという人の役に立つ図書室であってほしい」と、退職した福富さんは云う。その願いは、かつて山下さんが抱いたものでもあっただろう。そして、いま、この図書室を守る斉藤さんの思いでもある。

ハンセン病の資料をめぐって、過去、現在、そして未来を垣間見た思いだ。

なお、国立ハンセン病資料館は常設展示も企画展も素晴らしい。とくに二〇二三年二月から五月に開催された「ハンセン病文学の新生面　『いのちの芽』の詩人たち」は、療養所の文学活動を一望する展示と、大江満雄編の合同詩集『いのちの芽』の復刻刊行がセットになった画期的なものだった（『いのちの芽』は二〇二四年八月に岩波文庫から刊行された）。図録や紀要は在庫があれば無料で入手できる。

ハンセン病療養所の人たちが、どんなに過酷な生活を強いられてきたかを、ハンセン病について何も知らなかった私が理解できたと云うのは傲慢だろう。しかし、山下道輔さんの本に対する執念だけは、自分のこととして実感できる。彼のような稀代の本好きのおかげで、多くの資料が受け継がれてきたのだ。

聞けば、他の療養所の書庫にも、貴重な資料が所蔵されているのだという。せっかくだから、そこにも足を延ばそう。そうすることで、ハンセン病との距離を少しでも縮めたい。

国立ハンセン病資料館
〒189-0002
東京都東村山市青葉町４丁目１-13
TEL：042-396-2909（代表）
メール：lib@nhdm.jp

長島愛生園 神谷書庫

バトンは受け継がれる

二〇二二年八月三十一日の朝、ＪＲ赤穂線の車内は通学の中高生で満員だった。邑久《おく》駅で降りると、強い日差しが照りつけてくる。すさまじい暑さだ。

改札口で編集者の晴山さんと落ち合い、駅前に停まっている愛生園行きのバスに乗り込む。乗客はほかに二人ほどだ。

のどかな風景の中をしばらく走ると、山の中に入っていく。このときは見過ごしてしまったが、その先に三十メートルほどの小さな橋があり、それを渡ると長島なのだった。

この邑久長島大橋が架かったのは一九八八年。それ以前は、長島に行くには船で渡るしかなかった。

長島には、〈長島愛生《ながしまあいせい》園〉と〈邑久光明《おくこうみょう》園〉という二つのハンセン病療養所がある。両施設の関係者以外は居住しておらず、いわば閉ざされた島だった。この島に橋を架けることは入居者の悲願であり、開通したこの橋は「人間回復の橋」と呼ばれている。

邑久光明園の敷地を抜けて、もうひとつ小さな橋を渡る。すぐ先のバス停で降りる。ここが長島愛生園なのだ。目の前には瀬戸内海がきらめいている。

さっそく汗をかきながら歩くが、目的地が見当たらない。電話を掛けると、女性が迎えに出てくれる。愛生編集部の駒林明代さんだ。

「ようこそ。ここが〈神谷書庫〉です」と案内されたのは、コンクリート造り平屋の小さな建物だった。

瀬戸内海の二つの療養所

先日、〈国立ハンセン病資料館〉の図書室を取材し、国内に十四か所のハンセン病療養所があることを知った。そのなかには、貴重な資料を収めた書庫を持つ療養所もあるという。

そのひとつとして紹介されたのが、長島愛生園の神谷書庫だった。

書庫の話に入る前に、なぜ長島に二つのハンセン病療養所があるのかを簡単にま

長島愛生園から望む瀬戸内海

とめておこう。

一九〇七年（明治四十）に「癩予防ニ関スル件」が公布され、全国五か所に公立療養所が設置された。東京の全生病院（のち多磨全生園）もそのひとつだ。

その後、一九二〇年ごろからは患者の隔離を強化するようになった。その流れを推進したのが、当時全生病院の院長だった光田健輔である。光田は公立療養所の現状を批判し、入居者が「逃走不能な場所に懲罰的な性格を持たせた国立療養所の設置を求めた」（以下、松岡弘之『ハンセン病療養所と自治の歴史』みすず書房　を参照）。

国立癩療養所長を兼務することになった光田が、候補地として挙げたのが長島だった。そして一九三〇年（昭和五）に初の国立療養所として長島愛生園が誕生したのだ。光田は初代の園長となり、全生病院から一部の患者を愛生園に移転させた。彼らは「開拓患者」と呼ばれ、「いわば模範的な患者として新入園者を導」く立場を期待された。そのひとりに、全生病院の機関誌『山桜』の創刊に関わった栗下信策がいたのは興味深い。

一方、公立療養所のひとつで、第三区（近畿二府十県）として大阪府に設置されたのが〈外島《そとじま》保養院〉だった。同院は一九三四年（昭和九）の室戸台風で、死者百八十七名という被害を出した。その移転先となったのが長島で、一九三八年（昭和十三）に第三区府県立光明園として復興した。これが現在の邑久光明園である。

松岡弘之は両園を比較し、外島保養院（邑久光明園）は「自治会が最も早く成立」

神谷書庫の光田健輔関係の棚

しており、「自治の起点となった療養所」であるのに対し、長島愛生園は「隔離を強化するために設置された施設」で、一九三六年（昭和十一）に発生した長島事件（待遇改善を求めた入所者の抗議運動）後に自治会が発足した療養所だと位置づけている。

愛生図書館のおこり

愛生園には、開園と同時に礼拝堂の一隅に図書館が設置された。

「収納図書はいずれも篤志家による寄贈であって、収納から利用までの系統的な配慮はなく、入園者の図書館への期待もまた主に娯楽であったとみられる」（『隔絶の里程　長島愛生園入園者五十年史』長島愛生園入園者自治会）

一九三四年（昭和九）十月の機関誌『愛生』には、図書係の川口清による「愛生図書館報告」が掲載されている。それによると、蔵書は書籍千六百冊、雑誌三千冊であり、朝八時から夜八時まで開館していた。

「心の糧に飢へた入園者は或は不自由なる身を杖にすがり或は作業後のつかれた身をもかいりみず図書室へ詰めかけてくる状態である」とあり、読書を心の支えとした入所者が多かったことがうかがえる。


しかし、入所者は自由に何でも読めるわけではなかった。『改造』を購入しようとした患者は「そんな本を読むより『キング』か『富士』を読め」と施設職員に云

大島青松園・邑久光明園関係の棚

多磨全生園関係の棚

われたという（『隔絶の里程』）。入所者が社会問題に関心を持つことは、園側にとっては迷惑だったのだ。

その後、一九四〇年（昭和十五）には患者事務所だった〈桃源寮〉が図書館となった。

戦後、一九五一年には司書の資格を持つ村田弘が着任した。村田は一九五二年十月の『愛生』に「病院図書館のＡＢＣ」を寄稿。見学に行った病院で、「何処にも「図書館」（Library）と呼ばれるべきものが見当たらなくて、ただ僅かに「書庫」が極めて無責任な状態で放置されていたに過ぎなかつた」と批判している。

村田は愛生図書館を、第一図書室（医学図書部及び職員厚生図書部）、第二図書室（患者図書部）、第三図書室（保育所及び分校）、病歴記録室（医事記録部）の四つのセンターに分けた。さらに「病床へのブック・トラックにより巡回文庫、点訳奉仕、患者文芸作品集の出版、等実施を計画しており、一方『らい関係文献総合目録』作成と愛生園の紹介写真集作成、らい病学々術書出版にも着手中」とある（『愛生』一九五五年一月）。このうち、どれぐらいが実現したのかは判らないが、村田の熱意が感じられる。

なお、村田弘は愛生園着任以前、奈良刑務所などに勤務し、「行刑図書館研究会」を組織している（立谷衣都子「日本の刑務所図書館史」東京大学大学院　修士論文）。

一九五五年、愛生会館の前に新図書館が完成、園内作業として二〜三人の入所者が働いていた。モルタル平屋三十坪だった。一九六三年にはハンセン病関係の図書を集めたコーナーが設けられた。また、『愛生』編集部が同居した時期がある。一

神谷美恵子関連資料の棚。ファイルのラベルにも敬称がある

入所者自治会関連の棚

九九六年に取り壊しが決まり、蔵書約二万冊は旧事務本館（現在の歴史館）に移され、紆余曲折を経て現在でも園内に保管されている。

神谷美恵子とハンセン病

ようやく、神谷書庫の話に戻ってくることができた。

神谷書庫は精神医学者・神谷美恵子の名前を冠している。神谷は十九歳の時、叔父と一緒に多磨全生園に行き、患者の姿に衝撃を受け、医学を志す。一九四三年（昭和十八）に長島愛生園に滞在し、診療などの実習を行なうも、父の反対により、精神医学の道へと進む。

しかし、ハンセン病への思いは消えず、四十三歳で長島愛生園の非常勤職員となる。芦屋の自宅から五時間かけて通い、診療や調査を行なう。一九六五年には愛生園の精神科医長となる。

神谷とともに愛生園で精神医療に携わった高橋幸彦は、療養所での神谷をこう描く。

「先生の外来診療は、昼過ぎから夜の八時頃まで続き、十時頃に食事をされることもしばしばであった。さらに常勤医師の激務が少しでも軽減されたらと自ら宿直を引き受け、ハンセン病特有の激痛に呻吟する人があれば、厳寒の夜、海を渡る凍てつく強風の中を、歩いて遠くまで往診に行かれ、男性でも過酷な臨床活動を続けら

機関誌をはじめとする資料群。療養所ごとに排架されている

れた」(「神谷美恵子先生との邂逅」、『神谷美恵子の世界』みすず書房)

そこまで神谷を動かしたものは、なんだったのだろう?

神谷の「癩者に」という詩には、「何故私たちでなくてあなたが?/あなたは代って下さったのだ」という一節がある。

「べつに理屈ではない。ただ、あまりにもむざんな姿に接するとき、心のどこかが切なさと申訳なさで一杯になる。おそらくこれは医師としての、また人間としての、原体験のようなものなのだろう。心の病にせよ、からだの病にせよ、すべて病んでいる人に対する、この負い目の感情は、一生つきまとってはなれないのかもしれない」(「らいと私」、『神谷美恵子著作集2　人間をみつめて』みすず書房)

神谷は一九七九年、六十五歳で亡くなる。その後、遺族が愛生園に贈った基金をもとに建設されたのが、神谷書庫だった。

全国の療養所の機関誌を収集

「ここにあるものは、神谷先生の蔵書の一部と、各地の療養所の機関誌をはじめとするハンセン病関係の資料です」と、駒林さんは云う。

神谷蔵書は五年ほど前に遺族から寄贈されたもので、約四百冊。和書は精神医学、心理学のほか、哲学や文学に関する本が多く、フランス語、ラテン語などの洋書もある。

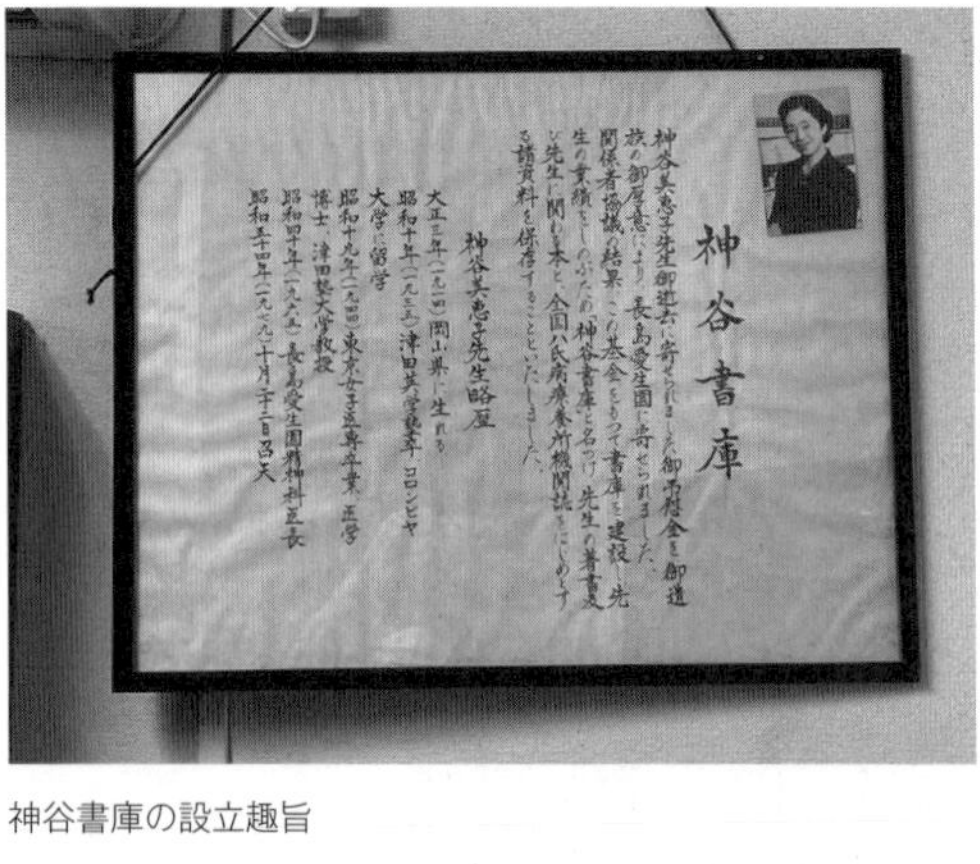

神谷書庫の設立趣旨

神谷の書き込みが多くあるものを選んだという(神谷蔵書とその書き込みについては、山本貴光『マルジナリアでつかまえて2』本の雑誌社 に詳しい)。別の棚には、神谷の著作や関連本、記事のファイルもあった。

しかし、この書庫の主役はハンセン病関係の資料だ。機関誌は療養所ごとに整然と並べられている。もちろん、一九三一年(昭和六)創刊の『愛生』は全号揃っている。

長島愛生園歴史館の学芸員である田村朋久さんは、「機関誌については国立ハンセン病資料館以外ではここが一番揃っていると思います」と話す。

「この書庫を整理した双見美智子さんは「機関誌にはその時その時の心情が表れていて、格好をつけない文章が多い」とおっしゃっていました」と、『愛生』を編集する駒林さんも云う。

また、愛生園に関わった人物の棚もある。初代園長の光田健輔と、その後を継いだ高島重孝、医師として勤務し『小島の春』がベストセラーとなった小川正子らについての本が多い。

入所者が書いた詩集や句集、小説などの作品を並べた棚もある。その一角には『ハンセン病文学全集』全十巻(皓星社)もあった。

神谷美恵子蔵書の棚

『愛生』編集部の人びと

一通り見終えてから、駒林さんに話を聞くために隣にある『愛生』編集部へと向かう。すると、ここにも多くの本や資料が並んでいるではないか。

書籍も多いが、資料をまとめたファイルが多く目につく。新聞や雑誌に掲載された記事の切り抜き、園内の施設に関する資料、名簿、会計記録、入所者が撮影した写真アルバム……。

愛生園内に設置された邑久高等学校新良田《にいらだ》教室についての資料や、愛生園に入所していた歌人の明石海人の生原稿類も保管されている。

「これらを整理されたのは私の先輩たちです」と、駒林さんは云う。

駒林さんは岡山県生まれだが、ハンセン病療養所についてはまったく知らなかった。

「義理の兄が勤めていた縁から愛生園で働くことになりました。それまで印刷会社に勤務していたことから、一九九七年に『愛生』の編集部に配属されました」

編集長は双見美智子さん、ほかに和公梵字さん、上原糸枝さん、森茂雄さんがいた。

「双見さんは小柄なおばあさんでした。愛生園に収容されたときに娘さんと別れるという体験をされていますが、「人生何があってもクヨクヨしたってしょうがない」とさっぱりした性格でした」と駒林さんは話す。

双見さんは資料収集について、次のように書く。

『愛生』のバックナンバー

「（神谷書庫には）編集部の先人、秋山老人が誰かの死亡か転宅があれば、早速フゴ（藁製のモッコ）をもって出かけて、捨てられた紙屑の中から、らいに関わる資料を執念に近い収集のおかげで、書庫の基礎になっている蔵書が茶箱に十数杯も集められていたのです」（「神谷書庫のこと」、『ハンセン病文学全集』第四巻月報、皓星社）

双見さん自身も園が書類を整理したと聞くと、ゴミ捨て場に急行し、めぼしいものを拾い集めたという。歴史館で見ることができる双見さんのインタビュー映像では、いろんな資料を分類・整理したことから「引き出しばばあ」というあだ名がついたと笑って話していた。

双見さんは四十七年間、『愛生』の編集に携わり、節目節目で同誌掲載の執筆者一覧、年表、神谷書庫収蔵書一覧などを作成した。二〇〇七年、九十歳で逝去。駒林さんは、双見さんが『愛生』に書いた記事をまとめ、二〇〇九年に『土に還る』として刊行した。

一方、和公梵字さんは資料整理を担当。双見さんが見つけてきた資料を、和公さんが分類し、ファイリングした。

「目が悪かったので、特殊なメガネを掛けて作業をされていました。きれいな文字でファイルの背表紙に書き入れていました。俳句が好きで禅宗を信仰されていました。いつも愉快な人でした」と、駒林さんは回想する。二〇一九年、九十六歳で逝去。

編集部以外でも資料集めに尽力した人がいる。編集部の棚には自治会の宇佐美治

展示室のある歴史館

さん、詩人の島田等さん（いずれも故人）が集めた資料が並んでいる。

また、各所からの通信をまとめた「来簡集」というファイルもある。その一冊に「皓星社」という見出しのあるものがあり、中を開くと、『ハンセン病文学全集』や『海人全集』を編集した同社の能登恵美子さんからの手紙・葉書が入れられていた。

能登さんは、明石海人の作品を収集することを目的に、『愛生』のバックナンバーを読むうちに、同誌に掲載された子どもの綴り方に惹かれる。その結果、『ハンセン病文学全集』の第十巻が「児童編」となる。

全集完結の翌年、能登さんは四十九歳の若さで亡くなる。『増補　射こまれた矢　能登恵美子遺稿集』（皓星社）には、愛生園で資料を収集し、後世に残した双見さん、宇佐美さん、島田さんらとのやりとりが、敬意をもって記されている。

バトンを受け継いで

愛生園の入所者は現在百十一人。高齢化が進み、年々その数は減少している。『愛生』は以前は年に十号発行されていたが、現在は隔月刊である。かつて盛んに行なわれていた文芸活動も停止したため、寄稿する入所者は少ない。

そのひとりが宮崎かづゑさんだ。八十歳ごろからワープロで文章を書きはじめ、『長い道』『私は一本の木』（ともにみすず書房）などを出した。二〇二四年、宮崎さんを八

書簡の類、相手毎に分類・保管してある

明石海人関連資料。ラベルの字は和公梵字さんのもの

年間取材したドキュメンタリー映画『かづゑ的』（熊谷博子監督）が公開された。

現在、ひとりで同誌を編集する駒林さんは、今年（二〇二二年）定年の予定だったが、「宮﨑さんの作品を載せ終わるまでは続けたい」と、再任用してもらう予定だ。

愛生園で暮らす人が誰もいなくなる日が、そこまで来ているようだ。

最新号の『愛生』を手にして驚いたのは、愛生園をテーマにした漫画が掲載されていたことだ。

歴史館では長島愛生園見学ツアーを実施。また、船で長島を一周する見学クルーズツアーも行なっている。二〇二一年十一・十二月号に掲載された「こんにちは、愛生園」という漫画は、そのクルーズツアーに参加した体験を描いたものだ。

船から見ると島と本土との距離の近さ、入所者の穏やかな風貌、園内の施設から受けた印象などが、柔らかいタッチで描かれている。

「ハンセン病については以前から関心がありました。自分が子どもを産んでからは、子どもと別れて療養所に入った母親に共感するようになりました」と、作者のあさののいさんは話す。二〇一二年に千葉県から岡山県に移住した。

その後、愛生園を訪れ、園内の〈喫茶さざなみハウス〉へ。二〇一九年に空き施設にオープンした入所者も一般客も利用できるカフェだ。あさのさんは、店主の鑓《やり》屋《や》翔子さんに「入所者の方のお話を聴きたい」と相談した。ちょうど開催されたクルーズツアーに参加し、入所者に会うことができた。

『増補　射こまれた矢　能登恵美子遺稿集』

「『愛生』に連載している鑓屋さんの紹介で、駒林さんにお会いして、漫画を掲載してもらうことになったんです」

あさのさんは、鑓屋さんが開催した「愛生ヲ読ム会」に参加する。テーブルに並んだ『愛生』を参加者が思い思いに読む会だ。

「ハンセン病というと差別とか人権問題という側面しか知りませんでした。でも、誌面には友達との会話とかペットのことなど日常的な話が多く、ここには自分と同じ人たちがいるんだと感じました。文章を読むことで、いなくなった人が目の前にいるような気持ちになります」

あさのさんは『愛生』や『点字愛生』に掲載された文章を漫画化し、インターネットの「ｎｏｔｅ」で発表している。

「読者に身近なこととして感じてもらうにはどうしたらいいか、悩みながら描いています」と、あさのさんは云う。

愛生園の歴史を伝える資料を発見し、神谷書庫に収めた双見さん。その思いを継いで、『愛生』を発行してきた駒林さん。同誌に書かれた入所者の思いを読者に伝えようとするあさのさん。資料をめぐって、バトンが受け渡されている。

多くの人の手によって、神谷書庫は守られてきた。今後もそうあってほしいと願う。

〔追記〕

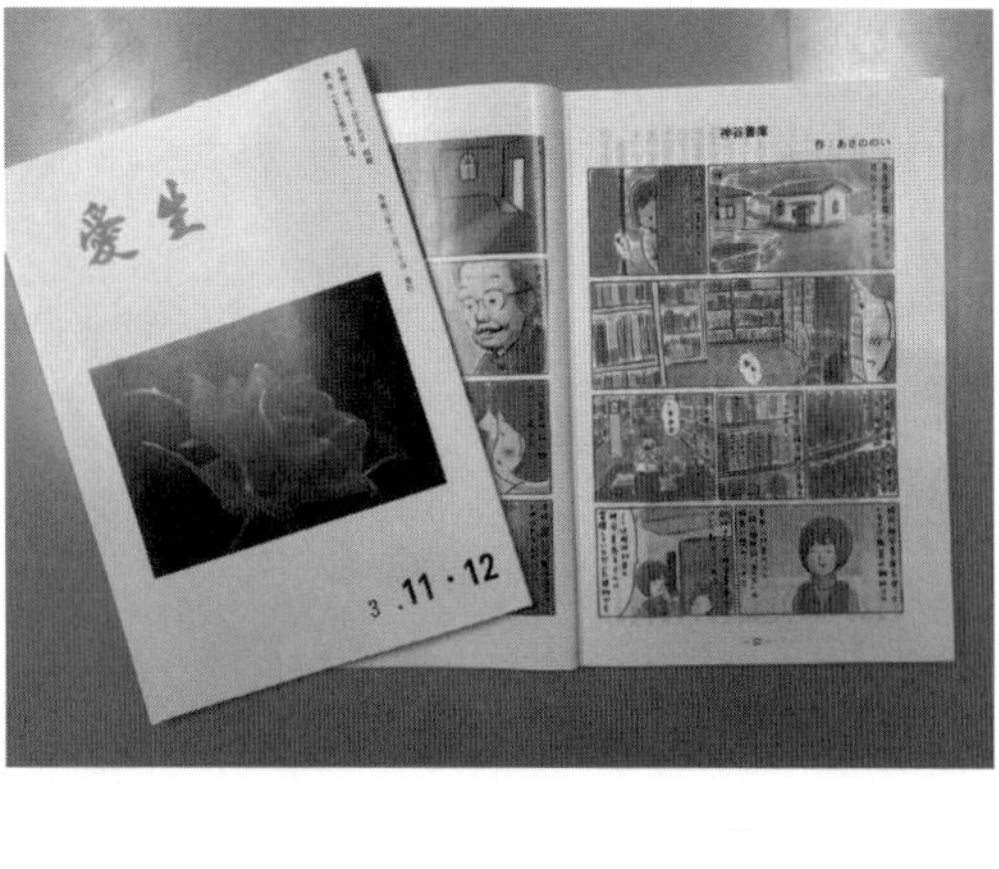

あさののいさんの漫画は『愛生』に連載中。第３回（2022年７・８月号）では神谷書庫をとりあげた

二〇二四年十一月、『長島愛生園 神谷書庫所蔵目録』（皓星社）が刊行された。神谷書庫の所蔵データは『愛生』編集部がＥｘｃｅｌで管理しており、利用者はいちいち問い合わせなければならなかった。同書は同編集部から所蔵データの提供を受け、のちに寄贈された神谷美恵子の蔵書も含めて、神谷書庫の全貌がわかるつくりとなっている。

『長島愛生園 神谷書庫所蔵目録』

長島愛生園 神谷書庫
〒701-4592
岡山県瀬戸内市邑久町虫明6539

大島青松園

島の読書生活をたどる

数年前、高松港からフェリーで男木島《おぎじま》を訪れた。その途中、小さな島のそばを通った。この島には寄らないんだなと思ったのだが、あとで聞くとそれが大島だった。島全体がハンセン病療養所になっているという。そのときは、離島にそういう施設があることの意味に気づかなかった。

この島にハンセン病療養所が設置されたのは、一九〇九年（明治四十二）のこと。一九〇七年（明治四十）に公布された「癩予防ニ関スル件」を受けてつくられた公立療養所のひとつだ。中国・四国八県の患者を収容する第四区療養所として発足し、翌年に〈大島療養所〉と改称する。

一九四一年（昭和十六）、国立に移管するのにあわせて、〈大島青松《せいしょう》園〉となった。現在、

全国に十四か所ある療養所のなかで、船でしか行けない場所にあるのは、ここだけである。いわば、国の隔離政策を象徴する島なのだ。

二〇二二年九月一日、その大島を訪れた。高松港から大島に向かうフェリーは国が運用する官有船で、以前は園の入所者と関係者しか乗ることができなかった。しかし、現在は一般旅客定期航路化し、誰でも無料で乗ることができる。

この日は「瀬戸内国際芸術祭２０２２」の夏会期中で、瀬戸芸の観客で満席になることが予想されたので、朝早くホテルを出る。高松駅近くのセルフうどんを食べて、高松港まで歩く。各方面への船が出るので、待合室はごった返している。大島行きの船「せいしょう」は定員五十名とのことで乗れるか心配だったのだが、事前に取材の申請をしていたので先に乗船することができた。

三十分ほど乗るうちに、大島港に到着。この島はひょうたん形をしており、港は西側にある。

桟橋では瀬戸芸のスタッフが出迎える。乗客の多くは、ここから島に点在する田島征三、鴻池朋子らのアート作品を見て回るのだが、我々にはその余裕がない。図書室のある社会交流会館へと急ぐ。

官有船「せいしょう」で
大島青松園へ向かう

閉ざされた島の図書館史

〈大島青松園社会交流会館〉は二〇一六年にプレオープンし、二〇一九年に全面開館した。療養所の歴史を伝える展示やギャラリー、図書室、多目的ホールなどがあり、奥のカフェでは瀬戸芸関係の展示が開催されていた。

図書室を案内してくれたのは、学芸員の池永（現姓・都谷）禎子《さちこ》さん。子どもの頃から博物館や美術館を訪れるのが好きで、都内で五か所以上の博物館や資料館で働いてきた。

「ハンセン病については国家賠償請求訴訟（一九九六年に廃止されたらい予防法が違憲であるとして提起）を通して知りました。その後、ハンセン病の歴史と回復者の「生」の証しを伝えていきたいと思うようになったんです」

池永さんは二〇一八年に着任し、一年間かけて展示室と図書室を準備してきたという。池永さんは、青松園の機関誌『青松』の連載「学芸員のお仕事」で、蔵書整理の過程などを詳しく書かれていて、非常に参考になる。

閲覧室は空間がゆったりと取られている。棚には青松園に関する資料があり、詩人の塔和子さんの著作も揃っている。十三歳で青松園に入所し、八十三歳で亡くなるまで詩を書き続けた。他の療養所に関する本も並べられている。

その奥の扉を開けると、閉架書庫になっている。蔵書数は閲覧室が約七千冊、書

社会交流会館の図書室

庫が約九千冊とのこと。

ここで大島青松園の入所者自治会が運営する図書室の歴史をざっとたどる。なお、自治会は一九四一年に「協和会」と改称している。

『閉ざされた島の昭和史　国立療養所大島青松園入園者自治会五十年史』（以下『自治会五十年史』）の年表によると、一九二七年（昭和二）に「図書室等増築」とある。また、『大島療養所二十五年史』には同年、「患者図書閲覧室」ができたとある。東の浜、浴場のそばにあったそうだ。

『青松』七十号（一九五二年五月）の多田勇「図書室実相」では、次のように紹介されている。

「その図書室は小庭を挟んだ約二十畳敷きの建物が二棟であつて、周囲に灌木を廻らした明るい静隠な場所である。地理的に言つても病者区域のほぼ中央部に位してゐるし、専門的な環境の点から言つても、は《ママ》入り易い便利な場所である」

当時の蔵書数は約五千冊。多田はここで図書係として働いていた。新刊書（主に娯楽雑誌）は園内ラジオで貸し出し時間を放送するが、熱心な読者の間では順番をめぐって不満も出たという。

同じ文章で多田は、「村田弘氏（愛生園慰安会勤務）の『病院図書館試論』」というパンフレットに教えられたと書く。長島愛生園の項で触れたように、村田は愛生園の図書館を改革した人物である。療養所の図書館についての村田の論は、青松園以外

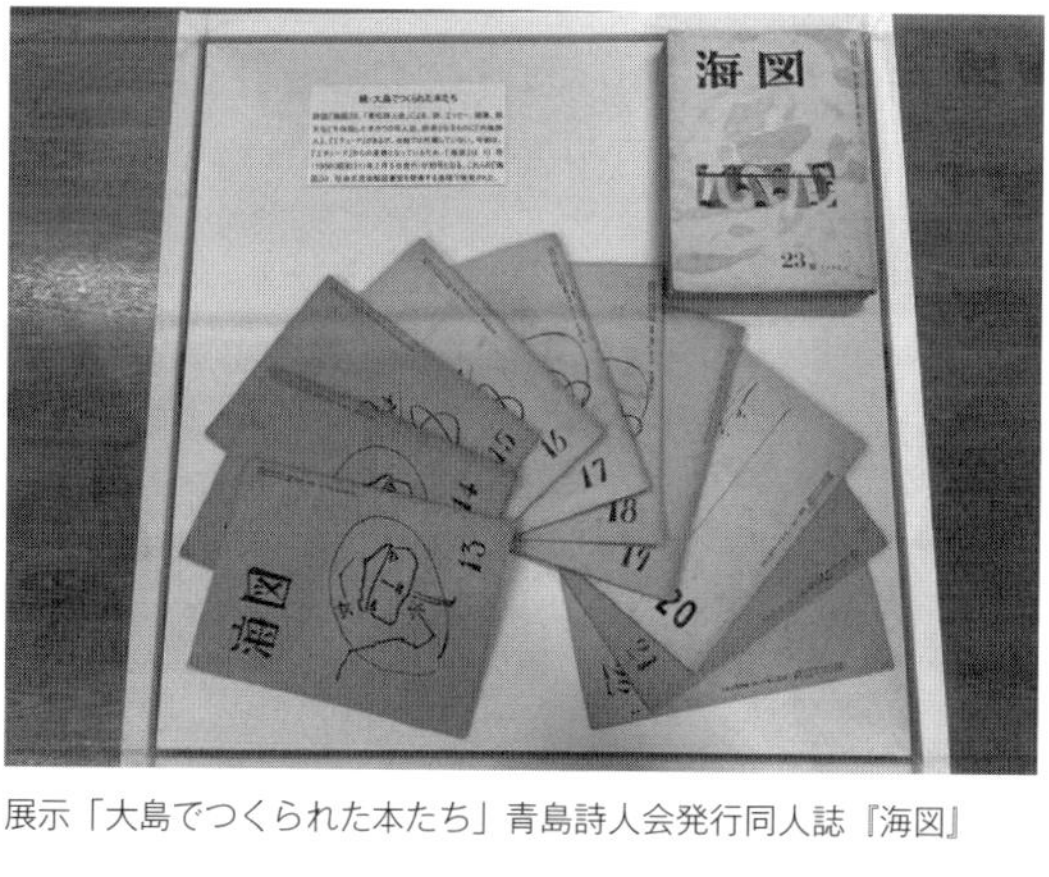

展示「大島でつくられた本たち」青島詩人会発行同人誌『海図』

の療養所にも影響を与えたのだろうか。

『自治会五十年史』には、一九六二年に「四国四県寄贈の図書館落成」とあるが、一九七六年に「旧図書室、住宅整備のため取りこわす」とあるように、十数年でなくなってしまう。

そして一九七七年に今ある文化会館が完成し、この中に新たに図書室ができたのだ。『青松』三百五十五号(一九八〇年一月)で、図書係の橋田芳明が「図書館の一日」として紹介しているのは、この図書室のことだ。

橋田は利用者の過ごし方を次のように書く。

「毎日、きまった時間に、何人かの者が新聞を読みに来る。時計を見るとほとんど毎日同じ時間である。各人、それぞれに、一日の時間帯があるようだ。(略)ただ、ここでは書籍の貸出しはしても、ここで読書をするということはない。持ち帰って自分の部屋で読んでいる。

静かに入って来て、新聞や雑誌を読んで、それこそ音も立てずに帰ってゆく者もおるし、また、中には話題の多い者もおって、時には一転して社交と座談の場となることもある。何時の間にか、ただ何んとなく新聞を読むのをやめて、世間話しに発展をする」

図書室は本と接するだけでなく、人と交流する空間でもあったのだ。

林記念文庫を再編成する

池永さんによれば、文化会館の隣には小さな書庫があり、図書室とあわせると協和会蔵書は約一万冊だった。これらは点検、燻蒸、整理を経て、社会交流会館の図書室に移管された。

「ハンセン病に関する資料や入所者の出版物など、ここでしか読めないものや大島の特徴をあらわすものを中心に閲覧室に並べ、公共図書館でも読める一般書は書庫に納めました」と、池永さんは説明する。

閲覧室に配架したうち、最も重要なものは〈林記念文庫〉だ。林文雄は全生病院（多磨全生園）、長島愛生園で医師として働き、星塚敬愛園では園長を務めた。一九四四年、結核の療養のために大島青松園に来る。林は文学やキリスト教の信仰を通じて、入所者と積極的に交流した。

林は『青山荘だより』という手書き雑誌を発行し、入所者の間を回覧した。これがヒントになって、入所者の同人誌として『青松』が創刊されたという（おかのゆきお『林文雄の生涯』新教出版社）。青松園にはそれ以前に『藻汐草』という機関誌があったが、職員が編集するものだった。

林は一九四七年に亡くなるが、自治会はその翌月に林記念文庫の設置を決定している。そして翌年の七月、記念会館の一室に開館したという。『青松』には同文庫

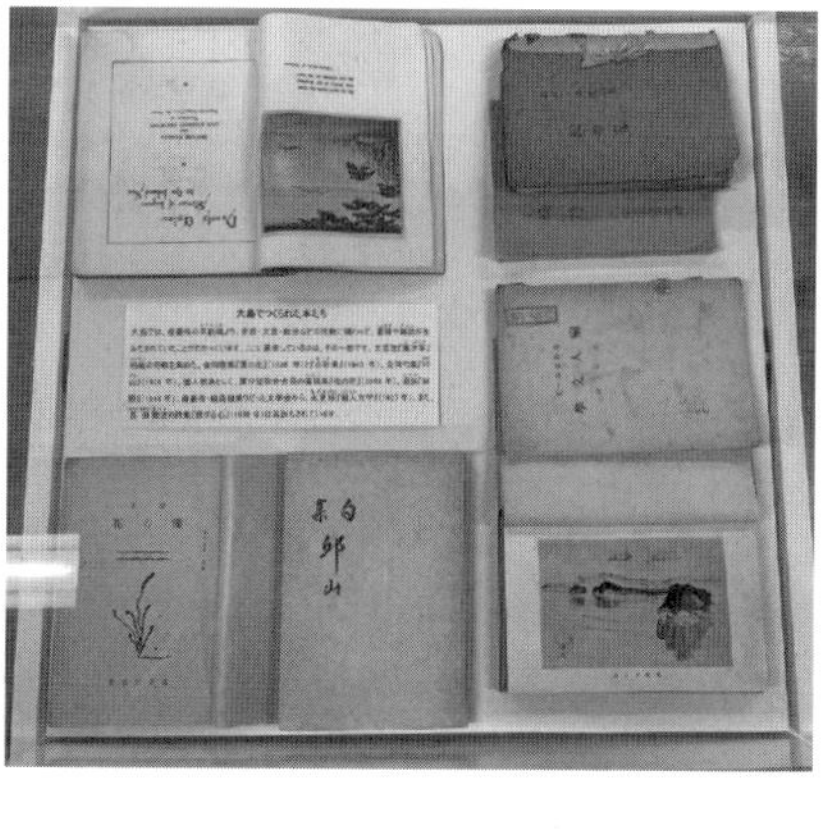

展示「大島で読まれた本たち」

への本の寄贈を呼びかける広告が掲載された。

「文庫の中核は、一九四〇年代後半から五〇年代に刊行された書籍」であり、「一九三〇年代など林博士の生前や来島前にもたらされた書籍を含む」と、「学芸員のお仕事」で池永さんは書いている。しかし、その事実が判明するまでには多くの苦労があった。

「林記念文庫は図書室の増改築や移転を経る中で再分類され、それぞれのジャンルの書棚に点在していきました。それを一冊ずつ抜き出して、林記念文庫を再編成したんです」と池永さん。

手掛かりになるのは、本に押された「林記念文庫蔵書」という蔵書印だった。なかには「林児童文庫」の蔵書印がある本もあった。

閲覧室には、ほかに〈歌句詩文庫〉〈潮騒文庫〉もある。

歌句詩《かくし》文庫は以前、〈北海道書庫〉と呼ばれていたもの。二〇一三年・二〇一六年の瀬戸内国際芸術祭で、北側の地区にある一般寮（十二寮）で公開していた。大島は南北に細長いので日本列島に見立て、北地区を「北海道」と呼んでいた。そこに入所者の蔵書を展示するコーナーとして北海道書庫を設置したのだ。

「この図書館に移す際に、ジャンルではなくあえて著者順に並べました。蔵書の中には電気工学、数学などの専門書から文学作品まであるので、その幅広さを感じてほしいという意図です」

再編成された林記念文庫（右）と潮騒文庫

移されるにあたって、整理に関わった滋賀大学の阿部安成さんが「この蔵書のひとつの特徴が、歌人、俳人、詩人の営為にそった貯まりぐあいにある」として、〈歌句詩文庫〉と命名したという（阿部安成「書史を伝えること、書史から考えること　国立療養所大島青松園で蔵書目録をつくる」、『国立ハンセン病資料館研究紀要』第六号、二〇一九）。

また、潮騒文庫は島内にあった庵治第二小学校が休校する際に寄贈されたものだ。さまざまな来歴を経た本が、この部屋に集まってきたのだ。

療養所の読書史

書庫に足を踏み入れると、本以外にもさまざまな資料が集められていた。自治会の文化活動から生まれた作品なども保管されている。

棚に並ぶのは、小説や随筆、教養などの一般書だ。小説でいうと、井上靖、柴田錬三郎、川上宗薫、水上勉、松本清張などいわゆる流行作家の本が多い。表の閲覧室に並んでいる本がハンセン病の歴史を学ぶために必要な資料であるのに対して、どこにでもある本が多い。状態も悪い。公共図書館であれば、廃棄の対象にされてしまうだろう。

しかし、これらはひとつの「塊」として所蔵されていることが重要なのだ。「旧協和会蔵書は入所者の中で図書係を務めた方が、丁寧に整理されています。傷

社会交流会館の書庫

んだ本に補修された跡があったり、背表紙を貼り直してタイトルを書き込んだりしています」と、池永さんは云う。

一冊ごとに押された蔵書印には、「寄贈」「購入」の別、取得年月日、寄贈者名、類別（ジャンル）、整理番号などの情報が記されている。これを手掛かりに調べていくことで、所蔵の経緯や利用のされ方が明らかになるかもしれない。

先に挙げた一九五二年の「図書室実相」では、「昨年度のベストテン」が紹介されている。林芙美子『あはれ人妻』の二十七回をトップに、井上靖『その人の名は云えない』、大岡昇平『武蔵野夫人』、舟橋聖一『薔薇と椿の物語』、カミュ『異邦人』、高田保『河童ひょうろん』、尾崎一雄『なめくぢ横丁』、波多野勤子『少年期』などが挙げられている。

池永さんに調べていただいたところ、このうち五冊は閲覧室にある林記念文庫に所蔵されているという。

社会交流会館では現在、蔵書印を含む本のデータの入力を進めている。

「そのデータを読み込むことによって、どのような個人や団体が本を寄贈したかという実態が判ってくると思います。本を通して、島の外の人と入所者が交流していた様子を明らかにしたいです」と、池永さんは語る。

青松園には、自治会が運営してきた図書室のほか、盲人会が運営する〈点字図書室〉（一九六四年設立）やキリスト教信者による〈霊交会教会堂〉の図書室もある。それ

松本清張など人気作家の著書が並ぶ棚

ぞれの場で、どんな人たちがどのように本と接していたかを想像すると興味深い。

自分ならきっと、閉ざされた島での生活で、どんな手段を使っても本を求め、渇きをいやすように読んだのではないか。そう考えながら、帰りの船に乗り込んだ。

〔追記〕

現在、大島青松園では、感染症対策として、見学受入れ人数や官有船の乗船人数などに制限を設けている。また、施設見学には事前予約が必要となる。ご理解、ご協力をお願いしたい。

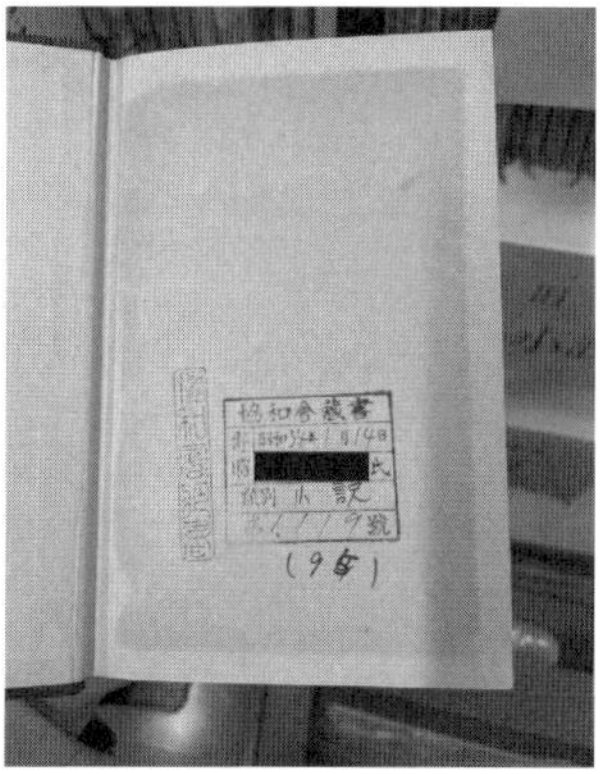

協和会（入所者自治会）の蔵書印

大島青松園
〒761-0198
香川県高松市庵治町 6034-1
社会交流会館

新潮社資料室

出版史を体現する資料に囲まれて

新潮社は、私が最初にその名前を意識した出版社だ。

小学生の頃、親に頼んで『星新一の作品集』全十八巻を買ってもらった。すでに完結していたが、配達を頼んだ無店舗の本屋さんが毎月一巻ずつ届けてくれるのを首を長くして待った。この作品集には月報とオリジナルの栞、そして新潮社の新刊案内が挟まっていて、本とともに熟読した。

中学生になると、本屋でPR誌の『波』や文庫刊行目録をもらってきて、やっぱり熟読した。インターネットのない時代、新刊の情報はこういった方法でしか手に入らなかった。そういった経験から、自分にとって新潮社は特別な出版社だった。

だから、二〇〇六年に創刊された『ｙｏｍ ｙｏｍ』で「小説検定」という連載をすることになったときは嬉しかった。あとで編集者から「ナンダロウアヤシゲという名前が文学クイズに合ってると思ったから」と起用の理由を聞かされて、拍子抜けしたものだが。

連載の何年目だったか、編集者に頼んで資料室を見せてもらった。自社の刊行物が整然と並ぶ棚に感動し、その後、同社で仕事があるたびに理由をつけて潜り込んでいる。社員しか利用できない部屋なので、室内の机で調べ物をしていると「こいつ、何者だ？」という目で見られる。社外でこれだけ何度も入った人間は少ないかもしれない。

ここを訪れる際に案内してくれるのが、資料室担当の早野有紀子さんだ。こういう調べ方をしたいと聞くと、すぐに答えてくれる。それも知りたかったことのもうひとつ奥を提示してくれるのがありがたい。

早野さんは一九七一年生まれだから私より歳下だが、資料室の主のような存在だ。ある女性編集者は「早野さん、怖いんですよ。借りた資料の返却が遅れるとすぐ怒られます」と云うが、いや、それはアナタが悪いんでしょ……。

これまではこそこそと入り込んでいた資料室だが、今回は取材者として堂々と入室し、隅々まで見せてもらえることができた。そこで明らかになったのは、新潮社の出版物の厚みと、それらを保存管理してきた資料室の奥深さだった。

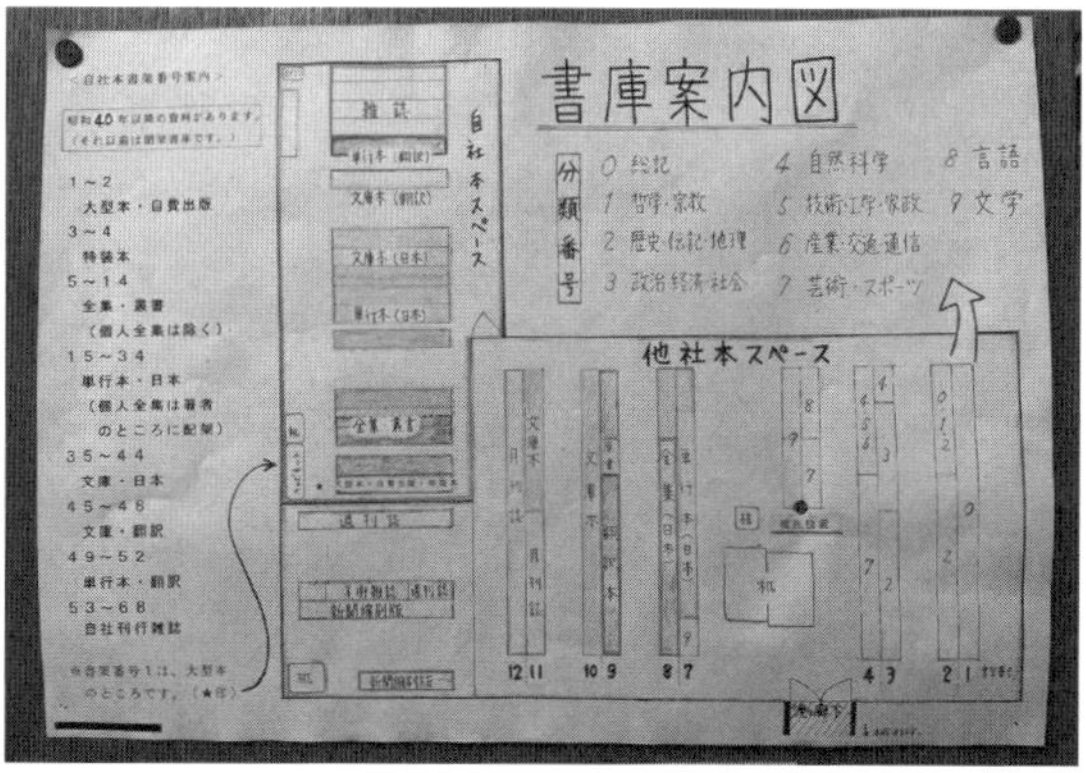

手書きの書庫案内図。自社本スペースと他社本スペースに分かれる

自社本からレファレンスツールまで揃う

一八九六年（明治二十九）、秀英舎（現・大日本印刷）に勤めていた佐藤義亮が『新聲《しんせい》』を創刊。自分の下宿で新聲社をはじめた。その後、義亮は経営難から『新聲』を手放したが、一九〇四年（明治三十七）、『新潮』を創刊し、新潮社を設立した。

創業以来、社屋は転々としたが、一九一三年（大正二）に牛込区矢来町に社屋を新築。それ以来百十年。矢来町と云えば新潮社を指す。

東西線・神楽坂駅の矢来口を出て、地上に上がる。左側にある〈かもめブックス〉は以前は〈文鳥堂書店〉だった。信号を渡ってまっすぐ行くと、左側に新潮社の本館、右側に別館がある。資料室は本館四階にある。

事務室で早野さんが迎えてくれる。渡り廊下を通って資料室に入る。手前は他社本スペース、奥が自社本スペースになっている。

他社本スペースにある本は、基本的に寄贈を受けたものが多い。個人全集や単行本などが並ぶが、作家や出版社のバラツキがある。他社の文庫は一九九〇年代までのものが中心で、いまでは手に入らないタイトルもある。「東日本大震災のとき、床に文庫が散らばって大変でした」と早野さん。

他社の雑誌は総合誌、文芸誌、週刊誌の主要誌が揃っている。以前、資料室では雑誌に載った自社刊行本の書評を収集していた。いまでも別の担当者が継続してい

主要な総合誌、文芸誌、週刊誌がずらり

る。おかげで、新潮社の本がメディアにどう取り上げられたかが判るわけだ。

事典や書誌など調べるためのツールも充実している。「部数が少ないものもあるので、なるべく買っておくようにしています」。夏目漱石、宮沢賢治、川端康成ら作家ごとの事典があるのも便利だ。

ここまででも興味深いが、いよいよ奥の自社本スペースへと向かう。

「ここから奥は昼休みと十八時以降には原本室入口のドアに鍵をかけるので、入れなくなるんです」と早野さんが云う。自社刊行物はそれだけ貴重な財産なのだ。

自社本スペースは大ざっぱに、手前が単行本、中央が文庫、奥が雑誌という構成で、移動式の書架に収められている。

単行本と文庫はそれぞれ、著者の五十音順に配列されている。同じタイトルの本が並んでいるのは、改版や復刊、改装も一点として数えるからだ。

「文字の拡大や解説・年譜の変更、カバーの有無などの変化は、社内の台帳でも判らないことがあり、現物を見て確認する必要があります」

たとえば、新潮文庫の太宰治『人間失格』は一九五二年の初版以来、九種類が刊行されている。最初の二種では解説を小山清が、以降は奥野健男が執筆していることや、映像化に合わせてカバーが変わっていることなどが判る。

「ただ、帯は増刷などでしょっちゅう変わるので、全部は保存していません。新潮文庫の帯のコレクターがいたら貴重ですね（笑）」

『日本古典文学大辞典』（岩波書店）など大部の辞典から個人事典まで揃う

最近では、映像化などに際して、カバーのほぼ全面を覆う「フル帯」というのも出てきて、頭が痛いところだ。

単行本については、全集や「純文学書下ろし特別作品」「とんぼの本」などのシリーズはまとめられている。

文庫の棚とは別の場所に、「新潮OH！文庫」が並んでいた。二〇〇〇年創刊でサブカル系のノンフィクション、エッセイなどを刊行した。松沢呉一『魔羅の肖像』とか大泉実成『消えたマンガ家』とかあったなあ。新潮社に太田出版や扶桑社のテイストが入り込んだみたいで、好きなレーベルだったが短命に終わった。新潮文庫百周年を記念して二〇一四年にスタートした「新潮文庫nex」も、別にまとめられている。

歴史を語る数々の資料

奥の雑誌の棚には、『新潮』『小説新潮』『週刊新潮』などのバックナンバーが合本されて並べられている。以前、『波』の創刊からの五十年間をたどる仕事をしたときには、ここから数十冊の合本を借り出した。

書架に「新潮社主催各賞の受賞記録・選評については別ファイルを用意していきます」という紙が貼られている。三島由紀夫賞、山本周五郎賞、新潮ミステリー大賞

単行本の棚。著者名の50音順に配列

9種類の『人間失格』

などを指す。それだけ利用率が高いのだろう。

「こんなのもありますよ」と、早野さんが案内してくれたのは、壁際のファイリングボックスだ。全集やフェアのパンフレットなどがファイリングされている。新潮社の歴史に関心のある私にとっては、お宝の山じゃないか！

一九六六年に本館新社屋が落成した際のパンフレットもある。この年は創立七十周年にあたり、社史『新潮社七十年』を刊行している。

また、別の場所には新潮文庫の解説目録（社内では「カイモク」と略称されているそうだ）が発行順に並んでいる。これも貴重な資料だ。

ここで資料室の歴史を概観しておく。

戦後、自社の出版物を集めて、倉庫に置いてあったという。本館が落成した際、四階のいまとは別の場所に資料室が設けられた。そのとき担当になったのが、秋元洋子さんという社員だった。

一九八二年発行の『専門図書館』九十一号に、新潮社資料室の訪問記が載っている（後藤光明「専門図書館を見る　その五十八」）。そこでは秋元さんの仕事ぶりが次のように礼賛されている。

「出版社という性格を考えれば、当然のことと考えがちだが、いろいろこれ迄に見た中でも、これほど迄に、ものの見事に整備、いや完備に近い型で一堂に集められた例を見たことはない。しかも、この自社刊行物の収集整備は秋元さんが独自に行

1956年創刊以来の『週刊新潮』バックナンバーが並ぶ

コアなファンが多かった「新潮OH! 文庫」

っているとのことで、記録をきちんと整備せよという命令からではないとのこと。これは、先見性を持ったすばらしい作業である」

この秋元さんを継いで、二代目の資料室担当になったのが早野さんだ。図書館情報大学在学中に新潮社からの求人があり、一九九三年に新卒で入社。資料室はそれ以前、一九九〇年頃に現在の場所に移転している。

「秋元さんとは六年ほど一緒に働きました。新潮社の資料が大好きな方で、聞けばなんでも教えてくださいました」と、早野さんは振り返る。二十年ほどまえ秋元さんが退職して以降は、アルバイトを除けば、早野さんがひとりでこの部屋を守ってきたのだ。

「『新潮社一〇〇年図書総目録』と社史『新潮社一〇〇年』をつくる際には、自社刊行本を全部見ました。自社の歴史を感じるとともに、これらの資料を守る責任を感じました」と話す。

いよいよ閉架書庫へ

現在、自社本スペースに並んでいるのは、一九七五年以降の刊行物だ。それ以前の刊行物は、閉架書庫に収められている。以前は社外の倉庫に収められていたが、早野さんの時代になってここに集められたという。この中に入れてもらうのははじ

1966年に本館新社屋が落成した際のパンフレット

社の資料のファイリングボックス

めてだ。

扉を開けると、かなり広い空間がある。

手前には戦前に刊行された本と雑誌を収めた棚がある。これは中性紙保存箱に収められている。中を見せてもらうと、数冊ずつ入っている。

一九一四年（大正三）に刊行された最初の新潮文庫（第一期）の原本もある。クジャクの図案を箔押しした厚表紙。新潮文庫の創刊百年を記念して、二〇一四年に第一期刊行のうちから、トルストイ、相馬御風訳『人生論』、ツルゲーネフ、生田春月訳『はつ戀』など五点が完全復刻で刊行されている。

奥に進むと、書架が並ぶ。ここには終戦後から一九七四年までの単行本、文庫、雑誌が並べられている。

棚を眺めていくと、こんな本やシリーズがあったのか！　と興奮する。たとえば、一九五三年にスタートした「一時間文庫」は、「新書判流行の機運にさきがけ、多彩な収録内容と新鮮さを盛って全集と文庫の中間をねらったシリーズ」（『新潮社一〇〇年図書総目録』）だった。

その一冊にクリスチャン・ディオール、朝吹登水子訳『私は流行をつくる』があった。ファッションデザイナーであるディオールの著書としては、最初に翻訳されたものではないか？　同行した編集者氏は「いま開催中のディオールの展覧会にあわせて復刊すればよかったのに……」と悔やんでいた。ほかにも掘り起こすべきお

復刊された５冊の新潮文庫の原本

閉架書庫。中性紙保存箱が並ぶ一角とその中身

宝がまだまだ埋もれているはずだ。

雑誌は合本とは別に、一冊ずつ紙に包んで保管している。どれも美しい状態だ。私も連載していた『ｙｏｍ ｙｏｍ』を見てみると、あれ? 記憶にない表紙があるぞ。「二〇一七年に紙の雑誌の発行が終わり、電子版に移行するのですが、それからしばらく社内用に数冊のみ印刷版を制作していました。その一部が資料室にあるんです」と早野さんは説明する。公式な刊行物ではないため、国会図書館にも収められていない、いわば幻の雑誌だ。

電子化と云えば、新潮社はカセットブックやビデオブック、ＣＤブック、ＣＤ－ＲＯＭ版など、新しいメディアに対応した刊行物も多い。その現物ももちろんここにある。

一九八九年には、新潮カセットブックの読者向けにラジカセまで発売した。音響メーカーのラックスと協力して開発した「ＳＬＫ－１」で、定価三万円(税込)。「取次各社が取扱を拒否したので、全国書店と直接取引き発売となる」と、『新潮社一〇〇年図書総目録』にある。そのラジカセ自体もどこかにあるのだろう。

別の場所には限定版も保管されている。檀一雄『火宅の人』の限定版(百三十六部)の表紙(子羊皮)には司修のオリジナルエッチングが印刷されている。

二〇〇三年刊行の『優香 Ｐｕｒｅ＆Ｌｕｒｅ』には、生ポジ二十組四十枚と特製３Ｄビュアーが封入されている。そういえば、出版界を「３Ｄもの」が席巻した

『yom yom』は43号まで紙で発行

「一時間文庫」

時代がたしかにあったと思いだされる。

　また、新潮社が手がける自費出版物も、閉架書庫に入っている。広く流通する本ではないので、これもまた貴重な資料だ。

「早野さんがこの中で最も貴重だと思う本を見せてください」と頼むと出してくれたのが、一九二三年（大正十二）に刊行されたポール・クローデルの『聖ジュヌヴィエーヴ（原本は旧カナ表記）』だ。クローデルが駐日大使として来日した際、彼の「全巻に日本趣味の横溢するものを」というリクエストに応じ、富田渓仙らの絵を伊上凡骨が木版で印刷、経本風の仕立てで刊行した。千部制作され、うち三百部が日本国内で販売された（『新潮社一〇〇年図書総目録』）。「新潮社としては最初の国際出版だと思います」と早野さんは云う。

　それとは別に「十二部だけ蒔絵《まきえ》板表紙の〈特装本の特装版〉が作られて、皇室とフランス大統領に二部ずつ贈られたのだとか」と、「少しだけ、新潮社特装本の世界を覗いてみた！」（『波』二〇二三年八月号）で装幀部長の黒田貴さんが話している。

　さらに、ここにはこの世に四部しかない本まである。新潮社では単行本と新書で発行部数が十万部を超えると、総革装・天金で装丁され、見返しに手染めマーブル紙を使った特装本が四冊だけ制作される。うち二冊は著者に献呈され、一冊は社長室、一冊は資料室に所蔵される。第一号は三島由紀夫の『金閣寺』。その並びは、戦後のベストセラー史を体現しているようで壮観だ。

『火宅の人』限定版の表紙

新潮カセットブックの棚

「もし火事になったら、この部屋から絶対に持ち出す本を五冊決めてあります」と早野さん。

他にも見たいものはまだまだあるが、ここまでですでに二時間近くが経過している。再訪を期して、閉架書庫を出る。

膨大な刊行物の記録

閉架書庫には「出版原簿」「図書原簿」「紙型原簿」などと題されたファイルがあった。また、資料室内には「図書発行台帳」と題するカードボックスがある。単行本、文庫、叢書の書名五十音順になっていて、カードには初版の部数や重版の回数とそれぞれの部数が記されている。ベストセラーのデータを調べる際には役立つだろう。利用する人が多くて間違いが生じやすいのか、「混ぜるな（怒）」と注意喚起の貼り紙があった。

「このボックスにあるのは戦後から一九八〇年代の刊行物の記録です。その後はコンピュータで管理されています」と早野さん。

資料室の蔵書管理も以前は紙のカードだった。そのボックスはいまも隅の方にある。二〇〇七年には所蔵目録のデータベースを、社内ＬＡＮで利用できるようになった。

「いまのところ、一九九六年以降の刊行物についてですが、小説の収録作品や装丁

特装本『金閣寺』

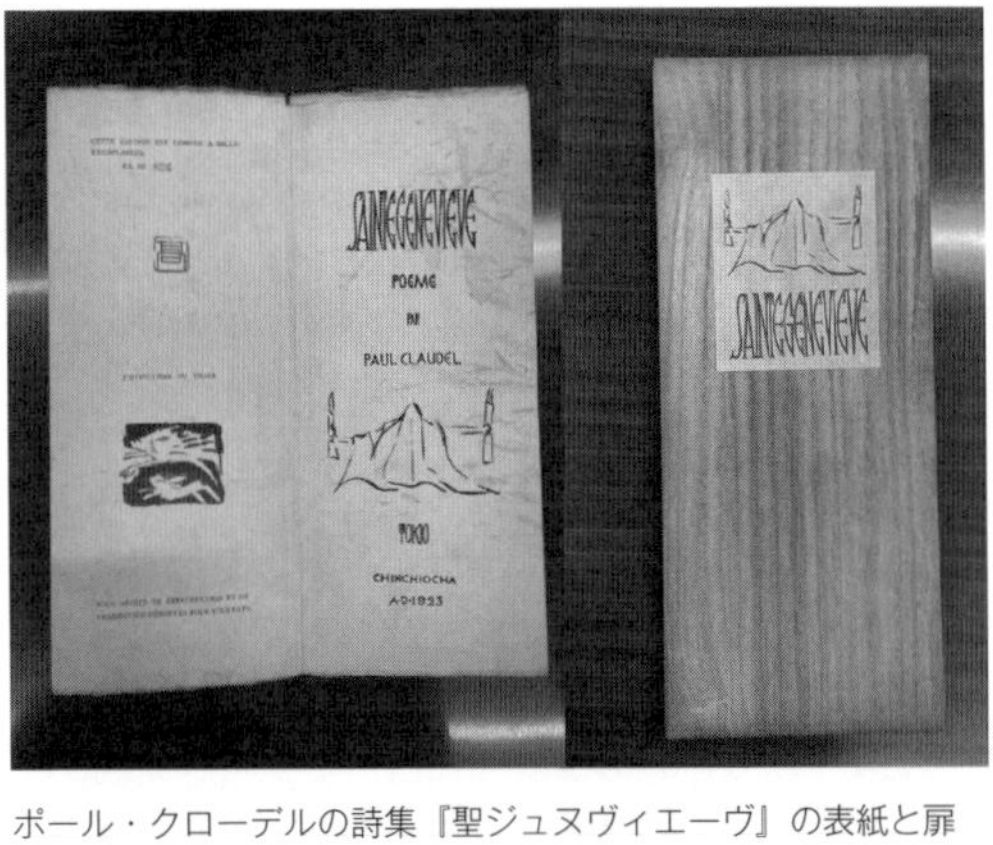

ポール・クローデルの詩集『聖ジュヌヴィエーヴ』の表紙と扉

者まで検索できるようになりました。一番利用されるのは、担当した編集者を確認するためです」

これによって、レファレンスの件数は減ったが、単行本と文庫の違いなどＤＢに入っていない情報への問い合わせは多い。

資料室の事務室には、雑誌別の執筆者カードボックスがある。一九七〇年代から九四年頃まで採られたもので、たとえば、『芸術新潮』に『気まぐれ美術館』を連載した洲之内徹が、『小説新潮』や『波』にも寄稿していることが判る。また、単行本や雑誌の編集部が独自に執筆者索引をつくっている場合もある。

いずれはこれらのデータが既存のデータベースと結合すれば、いまよりももっと、自社の歴史が調べやすくなると思う。

新潮社の「名校閲」を支える場所

こんなに充実した資料室だが、以前は社員の利用率はあまり高くなかったという。

「使い方が判らないという声を受けて、新入社員研修で説明したりしています。最近では社内異動が増えたせいか、以前より資料室の存在が認知されるようになりました」と早野さんは云う。

そんななか、社内で一番この部屋を使い倒しているのが、同じフロアにある校閲

閉架書庫の「原簿」の棚

資料室内の「図書発行台帳」カードボックス。「混ぜるな（怒）」はこのボックスの上に貼られている

部の方々だろう。新潮社の校閲がありがたく、時に恐ろしい存在であることは、同社で仕事をしたことのある著者なら身に染みて知っている。こんなことまでよく調べてくれたと感謝することが多い。

「事実関係を調べるには、紙の出版物に当たるのが一番確実です」と話すのは、校閲部の元部長で、定年後も同部に勤める飯島秀一さん。文学系の評論などでは、引用を確認するために閉架書庫の資料を閲覧することもあるという。

現在は創業百二十五年記念の社史に収録する年表等を校正している。あれ、でも百二十五周年って二〇二一年だったんじゃあ……？

「まだずっとやっているんです（笑）。百年目までは以前の社史や出版目録が出ているんですが、それでもこれだけ多くの直しがあります」と見せてもらったゲラには、気が遠くなるような数の付箋が貼られていた。

新潮社のブランドを支える縁の下の力持ちである校閲部を、資料で支えているのが資料室なのだ。

入社以来、ずっとひとりでこの部屋を守ってきた早野さんは、「自分があと三人いたらすごくいい資料室になると思うんですが……」と苦笑する。定年まであと八年のうちに、できるだけ整理を進めて、次の担当者に引き継ぎたいと話す。

本が並んでいる場所にいることが好きだという早野さんは、「資料室にいると、担当者以外では最初にまっさらな新刊を手に取ることができるのが嬉しいです」と語る。ちなみに、彼女がよく読むのは海外文学。「あと、横溝正史も好きなんです」。好きな本の話をする早野さんは楽しそうだ。

出版業界では雑誌の休刊が続き、紙からデジタルにシフトする動きが早まっている。この世界の片隅にいる私も、じわじわと苦しくなってきている。それでも、この資料室に来ると、やはり、紙でしか伝えられない文化があるのだと感じる。

新潮社資料室
〒162-8711
東京都新宿区矢来町71

日本近代文学館

作家たちが託した夢

二〇二二年五月十八日、井の頭線の駒場東大前駅から駒場公園への道を歩く。周囲は静かな住宅街。この道を通るのは久しぶりだ。

二十代の頃、毎週のようにこの道をたどって、〈日本近代文学館〉に通った時期がある。復刻版の出版社の編集者として、資料を探しに来ていたのだ。

公園に入ると、平べったい建物がある。短い階段を上がり、入館手続きをして中に入ると、カードケースがずらりと並ぶ。奥の閲覧室には先客が一人か二人いるだけだ。

請求した本や雑誌を受け取って、席に座る。同館では資料を製本や合本せずに、原形のまま所蔵している。グラシン紙の掛かった雑誌の表紙を眺め、薄いページを慎重にめくると、「ペラリ」という音さえ聴こえる気がする。それほど静かなのだ。

ここで過ごすと、時間が経つのを忘れてしまう。腹が減ると、隣の喫茶室でサンドイッチなどを食べて、また閲覧室に戻った。

それから三十年経っても、そうした風景は以前と同じだ。変わったのは、喫茶室が〈BUNDAN　COFFEE&BEER〉というブックカフェになったことぐらいか。

方針は「原型保存」

そんなことを思いながら受付で待っていると、事務局の宮西郁実さんが迎えに来てくれた。さっそく書庫に案内してくれるというので、持参した上靴に履き替えて、中に入る。

まずは一階を見学する。ここには主に雑誌が収蔵されている。配列はタイトルの五十音順。『日本○○』『文学○○』という誌名は多いので、延々とその棚が続くことになる。

前述したように、同館では基本的に原型保存を旨としており、雑誌の一冊ごとにグラシン紙が掛けられている。表紙や裏表紙をコピーしたい人のために、取り外せるようになっている。

二〇一二年に同館に入館した宮西さんは、研修期間中にグラシン紙の掛け方を習ったそうだ。何冊もやっているうちに慣れてくるというが、人によって上手い下手

BUNDAN COFFEE&BEER（提供：BUNDAN）

はあるのではないか。絶望的に不器用な私には、こんなのはムリだ。

同館には〈高見順文庫〉などの文庫・コレクションがあるが、その中に入っている雑誌も、バックナンバーを揃える目的からここに「混配」（一緒に配架）している。その雑誌には文庫の印が押されている。また、中には寄贈の段階で合本された雑誌も混じっている。

あまりに膨大でどこから見たらいいか、判らなくなる。それで以前、ここで閲覧した『文明』を手に取る。終戦の翌年に田宮虎彦が発行した雑誌で、花森安治が表紙とカットを手がけている。すっきりと印象的なデザインだ。田宮と花森は神戸の雲中小学校の同級生で、東京帝大の『帝国大学新聞』編集部でも一緒だった。その縁で花森は、文明社のほとんどの単行本や雑誌の「装釘」（花森の用法）を担当した。

なんとなく上を見あげると、棚の上に本の函が並べられている。アレはなんですか？　と訊くと、宮西さんは「単行本の函は場所を取るので、あそこに並べているんです」と答える。中には戦前のものもあり、閲覧者が希望すれば出してもらえる。ここでも原型保存の方針が貫かれているのだ。

同館の資料総数は、現在約百三十万点。そのうち図書が五十万点、雑誌が七十一万点、残りは原稿類などの特別資料だ。

同館が設計された時点では「とりあえず五十万冊の図書・雑誌類、十万点の特殊資料を収蔵できるスペースを前提」としていたらしい（大久保乙彦「私たちの新しい

花森安治装釘の『文明』

図書館　日本近代文学館」、『図書館雑誌』一九六八年二月号）が、その倍にまで増えている。二〇〇七年には成田市で成田分館を開館し、新たな収蔵庫が確保されたとはいえ、慢性的なスペース不足に悩まされている。これは書庫、収蔵庫を持つ資料館に共通する悩みだろう。

「同人雑誌だけで毎月二百冊が届くんです」と、宮西さんは云う。棚が埋まってくると、一部を他に移して空きをつくる。そのたびに、棚の表示ラベルもつくり変えるという。

『改造』『キング』『講談倶楽部』など、著名で発行時期の長い雑誌は、壁際に配架されている。有力なサークルが並ぶコミケの「壁際」みたいで面白い。また、大判の雑誌は別の棚に平置きされている。五十音順配列が基本であるが、例外も多く、どこに何があるかを把握できるまでには相当な経験が必要だろう。

中央に、閲覧から戻ってきた雑誌を置いておくブックトラックがある。開館当時から使われているもので、「車輪の片側のみが動くので、使いこなすまでに時間がかかるんです」と、宮西さんは云う。

めくるめく本の数々

地下一階に移る。ここには図書と文庫・コレクションが所蔵されている。

ブックトラックは、開館当時から働き続ける50年選手だ

1階書庫

この階には電動棚が多い。それ自体は珍しくないが、この棚は間に人がいるのを感知して、ボタンが点灯するのだ。こういうのは初めて見た。書架と書架のすき間は少しだけ開いていて、空気を通すようになっている。

文学作品については、著者名の五十音順に表示されている。赤瀬川原平は尾辻克彦としても活動しているが、尾辻のところにまとめられている。

ここでもやはり、どこから見ればいいか悩み、自分の好きな作家を求めてウロウロする。尾崎一雄の本は私も以前集めていたが、ここに並ぶのはさすがに美本揃いでうっとりする。棟方志功が装丁した『玄關風呂』（春陽堂書店）を手に取って奥付を開くと、「関口良雄氏寄贈」の印がある。大森の古書店〈山王書房〉の店主が寄贈したものだ。関口良雄と同館のかかわりについては、のちに詳しく触れる。

作者別とは別の棚には、「複刻版」（同館では元のかたちの精密な複製という意味でこう表記する）の原本が並ぶ棚がある。

同館では開館時から雑誌と初版本の複刻事業を手掛けてきた。なかでも大事業だったのが、一九六八年に開始された「名著複刻全集近代文学館」だ。明治前期、明治後期、大正期、昭和期の四期で合計百二十点、百五十九冊を、刊行当時の原本に限りなく近いかたちで複刻し、ほるぷ出版から刊行された。このシリーズは大いに売れ、館の運営を支える基盤となった。いまでも古本屋でよく見かけるが、一瞬、原本じゃないかと罪な期待をさせてしまうほど出来がいい。

棟方志功が装丁した『玄關風呂』

「可能な限り状態のいい原本を集めたので、同じ本が複数冊あります」と、宮西さん。たしかに、夏目漱石の『三四郎』(春陽堂書店)だけで四冊もあった。

川端康成『感情装飾』(金星堂)を見せてもらう。この棚では函が付いたままにしてある。函、本体とも吉田謙吉の装丁が美しい。取材時には展示室で「川端康成展」が開催中だったので、ひときわ興味深い。

そういえば、貴重な資料を手にするときにも、宮西さんは素手のままだ。「本館では指の感覚を保ち資料に負荷をかけないように、手袋は使用しないんです。その代わり、手は事前に洗って清潔に保ちます」。なるほど。

このほか、研究書や評論、全集、文庫本などの棚がある。

近代文学館の生みの親〈高見順文庫〉

次に文庫・コレクションの棚を見学する。同館の肝とも云える一角だ。

現在約百六十五種があり、文庫は所蔵者の旧蔵書を主とする。コレクションはあるテーマのもとに集まった資料で、肉筆・原稿・書簡などが多いものを指す。

文庫には、芥川龍之介、川端康成、谷崎潤一郎、太宰治ら文学史に名を残す作家のものが多いが、私がまず見たかったのは〈高見順文庫〉だった。なぜなら、彼は日本近代文学館の生みの親の一人だからだ。

川端康成『感情装飾』

一九六二年、日本近代文学館の設立準備会が発足。翌年四月に財団法人が発足し、高見は理事長となった。

高見は本好き、雑誌好きとして知られ、蔵書をもとに長大な『昭和文学盛衰史』を執筆した。それだけに「今のうちにかういふ雑誌や本を集めて保存しておかないと、みんななくなつてしまふ。有名な作家の本や有名な雑誌は保存されてゐるが、名もない同人雑誌のやうなもので今となると実は大切な文献だといふのが、ほとんど失はれて行く」(『貴重な屑雑誌』、『高見順全集』第十七巻、勁草書房)という思いは人一倍強かった。

同年十月に「近代文学史展」を開催し、開館前から寄贈が続いた。

この頃の高見について、開館当時の理事であった小田切進(のちに理事長となる)はこう書く。

「高見さんはどこへ出かけ、どこを歩いても、旅先でも、古書店のある場所をよく知っていた。さっさと入った。池袋へ現れても、必ず幾つもの店をのぞくという風だった。そのため歩く時が滅法早くなり、追いつけない。ひとたび古書店へ入ると、もう愉しくて仕様がない、という感じだった。収集趣味というより、古い本や雑誌がとにかく無類に好きだった」(『続文庫へのみち　郷土の文学記念館』東京新聞出版局)

この運動の最中、高見は癌を宣告されるが、一九六四年五月に開催された「近代文学館を励ます会」には病を押して出席した。この時期の『続・高見順日記』の記

高見順文庫の棚

述は鬼気迫る。そして翌六五年八月十七日に死去。前日には、駒場公園に決まった建設地の起工式が行なわれていた。高見の遺志を継いで、伊藤整が理事長に就任する。

高見文庫の図書は没後、二回にわたって妻・秋子から寄贈されたもので、蔵書のほぼ全部が収まった。自身の著作をはじめ、文学関係書が約九千冊あり、そのほか、太平洋戦争や満州・上海関係、戦時中に陸軍報道班員として滞在したビルマに関する本などがある。

同館に所蔵されている『日本近代文学館図書台帳』には、受け入れ番号順に受贈・購入した本が記入されている。そのうち、かなりの部分を高見順からの寄贈が占めている。

高見文庫の雑誌は千七百種、二万五千冊ほどが寄贈されたが、前述したように雑誌の棚に混配されている。

また、原稿や書簡などは〈特別資料〉に分類されている。そのなかの「鎌倉文庫関係書類」を閲覧する。鎌倉文庫は一九四五年に鎌倉在住の文学関係者で開店した貸本屋（戦後は同名の出版社）で、この書類には鎌倉文庫の社則や、高見の名前が入った身分証明書が含まれていた。高見は鎌倉文庫のために貴重な本を提供しているが、そのとき提供した中戸川吉二の五冊のうち、『反射する心』（新潮社）など四冊が同館に寄贈されている。

高見文庫の中戸川吉二の著書

夢を託される場所

文庫やコレクションは、どのような段階を経て公開に至るのだろうか?

「まず所蔵者からご連絡をいただいて、受け入れるかどうかを判断します。ご自宅に収書に伺う場合と、送っていただく場合があります。分量が多いと、何回にも分けて通い、箱詰めをします」と、宮西さんは話す。

文学館に到着すると、リストをつくって寄贈者に報告し、データベースに登録する。また、館報の「図書・資料受入れ報告」欄に掲載する。「資料整理が終わったら、すみやかに公開するように心がけています」。受け入れたまま何年も放置するようなことは、同館に関してはあり得ないのだ。

主要な文庫・コレクションについては、目録を刊行する。いずれも販売されており、在庫がないものもコピー版を同価格で購入できる。また、隔月で発行されている館報『日本近代文学館』にも、文庫・コレクションの紹介が掲載されている。これも一部百円で販売しており、オンラインショップからも購入できるので便利だ。

整理中の文庫・コレクションは、書庫内に仮置きされている。整理が終わると、書庫内の「住所」が決まる。安住の地を得るわけだ。

二〇一七年に受け入れた〈曾根博義文庫〉は、その前年に死去した日本文学研究者の蔵書のうち、図書・雑誌約九千点を収めるものだ。曾根さんは古書展通いを続けて、

著者別の単行本が並ぶ棚。尾辻克彦=赤瀬川原平は「お」に配列

膨大な蔵書をお持ちだった方で、本の収納のために建てられた自宅を私も訪れたことがある。

懐かしいなあと棚を眺めていると、私が最初に出した『ナンダロウアヤシゲな日々』（無明舎出版）が並んでいた。手に取ると、何やら挟まっている。献本したときの私の手紙じゃないか！　汚い字が恥ずかしい。それに対して、曾根さんが私に送った葉書のコピーも挟んである。こういった片々とした紙ものであっても、資料として保存されていたことに感動を覚えた。

同館では、個人情報に関するものは閲覧できないので、これは書庫の中だからこその出会いなのだ。

作家や研究者の蔵書からは、彼らが文学館に託した夢のようなものを感じる。

「裏方」の文学研究者たち

日本近代文学館が駒場公園で開館したのは一九六七年。私が生まれた年だ。

設立準備会が結成された一九六二年以降、開館までの経緯を伝えるのが、六三年一月に創刊された『日本近代文学館ニュース』だ。一九六九年四月まで発行された。B5判で、体裁がどことなく『日本古書通信』に似ているのは、参考にしたのだろうか。

曾根博義さん宛の手紙が挟まった『ナンダロウアヤシゲな日々』

一九七一年五月創刊の館報『日本近代文学館』は『ニュース』の後継誌だが、同館の図書資料委員会の活動を伝える一連の発行物を受け継いでもいる。

開館準備のために、出版界や財界、政界に呼びかけたのが高見順、伊藤整ら作家であるのに対して、文学館の基盤となる資料を収集するという、いわば「裏方」を務めたのが、文学研究者たちだった。

一九六四年四月に設置された図書館委員会（一九六七年の開館時に「図書資料委員会」に改組）は、久松潜一が委員長、稲垣達郎が副委員長で、小田切進、瀬沼茂樹、紅野敏郎、保昌正夫らが参加。このうち紅野は四十代はじめ、保昌は三十代と若く、資料収集の中心となっていく。

翌月に創刊された手書き・謄写版印刷の『図書館委員会週報』では、紅野・保昌らが東京古書会館、中央線古書会、明治古典会に出かけて古書の収集を行なったことを報告している。同号では委員会の仕事として、個人・出版社への寄贈依頼、古書の蒐集・購入、分類・目録整理、レファレンス・調査を挙げる。

九月発行の第十二号でも、図書購入について報告されている。

「八月二十八日　早朝より二班に分れて古本収書に廻った結果について紅野氏（神田方面）、保昌氏（城北方面）より報告。この日研究書を中心に約六百五十冊購入」

九月五日にも全集・雑誌の穴を埋める目的で、同様の買い出し部隊が出発し、千二百冊を購入している。

整理中の伝票が付けられている棚

これらの報告からは、文学館の資料が揃っていくことへの喜びとともに、「こんな本が買えた！」という古本好きの高揚感が伝わってくる。

小田切進は、文学館開館のために多くの人を動かした高見順が、癌に倒れてから談話筆記で記事になった以外、自分では館についてはまったく書かなかったと述べる。「原稿の点では、高見さんはとても頑固で、「それは小田切に頼め」と言って、いつも固辞した。（略）今になって思うと、高見さんの文士に徹したいという態度からだったのではないか、と考えられる」（「高見さんのこと　没後十年」、館報第二十六号、一九七五年七月）

高見に自分で書くものへのこだわりがあったことはたしかだろうが、それとともに、実際に資料を集め、館を運営していく「裏方」に光を当てたいという気持ちもあったのではないか。

森鷗外文庫――〈時代や〉菰池佐一郎

作家や研究者だけではない。日本近代文学館の初期のコレクションには、三人の古本屋が関わっている。

一九六四年十一月、上野図書館内に〈日本近代文学館文庫〉を開設。はじめて一般が利用できる閲覧室を設けた。

翌年九月には先の『週報』を受け継ぐ形で、『日本近代文学館　図書館委員会月報』を創刊。これも謄写版刷だ。創刊号によれば日本近代文学館文庫の利用者が増加し、三十席が満席になって、来館者を断ることもあったという。

同号には「『森鷗外資料』のことなど」という記事も掲載されている。これは古本屋〈時代や〉店主の菰池《こもいけ》佐一郎が収集した森鷗外に関するコレクションを購入する交渉を伝えるものだ。

のちに〈菰池佐一郎収集　森鷗外文庫〉と名付けられるもので、森鷗外の原稿・書簡など特別資料四百七十五点、図書四百十二点、雑誌・新聞百七十九種が含まれる。雑誌については、鷗外主宰の『しがらみ草紙』『めさまし草』などのほぼ全号、執筆誌も主要なものは揃い、鷗外の追悼号や特集号まで集められている。

私も書庫で見せてもらったが、当たり前だが、すべてが鷗外に関する本ばかり。書名に出てこなくても、どこかで鷗外に言及されていれば集めている。研究者とは視点が異なる、古本屋ならではの徹底ぶりだと感じた。

菰池は京都生まれで、東京に出て骨董店をはじめ、のちに古本屋に転じた。明治文学ものが主力で、一九三六年（昭和十一）に古書目録『時代や書目』を創刊した。

森鷗外については「あるお客様が御熱心だった。鷗外さんのものなら何でも持ってこいという、けっこうなお客さんがありました」。敗戦後、その客が集めたものを買い戻したのがきっかけで、鷗外関連書を集めるようになる。一九五九年に『家

蔵 鷗外書目（未定稿）』を刊行し、のちに何度か追録を刊行する（反町茂雄編『紙魚の昔がたり 昭和篇』八木書店）。

集めてきたものを手放す際、孤池は「娘を嫁入らすような気持です、いい嫁入先ですからね」とつぶやいたという（紅野敏郎「図書資料委員会」、館報第十三号、一九七三年五月）。

一方、同業の古書店主を前にした『紙魚の昔がたり 昭和篇』の座談では、「その後、鷗外さんのものは、一段も二段も値上がりしました。売るのにはちょっと時期が早すぎて、しまったことをしたなと……（笑い）」と話している。どちらも本音だろう。

このコレクションが上野の日本近代文学館文庫に搬入された際、理事長の伊藤整や図書館委員会のメンバーは喜びの声をあげたという（小田切進「はじめに」、『森鷗外文庫目録』）。

一九六三年十月に、新宿伊勢丹で開催した「近代文学史展」が大成功を収めて以来、出版社からの寄贈や高見順文庫、〈野村胡堂文庫〉などの寄贈はあったが、森鷗外文庫ははじめての大型コレクションだった。森鷗外文庫搬入の頃から、貴重資料寄贈の申し出が増えた。

「二十年余りの歳月をついやし、孤池さんが精魂かたむけて収集につとめられた豪華なコレクションを、文学館が受け入れさせていただけたということが、広く知られ、それで勢いづいたという感があった」と小田切は書いている。

自転車で本を――〈ペリカン書房〉品川力

『日本近代文学館　図書館委員会月報』創刊号には、もうひとつ見逃せない記事がある。

「まさにペリカンの如く　品川力氏の寄贈続く」と題するものだ。

「このところ品川さんが、毎日来庫される。本郷から自転車に乗ってこられるのだが、どしゃぶりの雨の日もそうして来られる。木下尚江のことやハイネのことなどをしらべに来られるのだが、荷台にのせた木の箱に必らず、図書・雑誌や資料を持って来られる」

品川力《つとむ》は本郷にあった古本屋〈ペリカン書房〉の店主。東大赤門前の「落第横丁」にあった店舗には、私も何度か行ったことがある。『古書巡礼』（青英舎）などの著書も愛読している。

新潟県柏崎市生まれで、父は牧場と書店を営む。上京後、一九三一年（昭和六）に本郷でレストラン〈ペリカン〉を開店。店には織田作之助、太宰治、檀一雄らが集まり、品川は織田の『夫婦善哉』が掲載された同人誌『海風』の発行人も務めた。一九三九年（昭和十四）に古本屋を開く（『本の配達人　品川力とその弟妹』柏崎ふるさと人物館）。

品川は長身でカウボーイハットを愛用し、自転車で都内のどこにでも出かけ、研究者が探している文献を配達した。日本近代文学館に対しても同様だった。

駒場公園に開館した後の一九六八年九月、先の『月報』はタイプ印刷の『日本近代文学館　図書・資料委員会ニュース』に代わる。

一九七〇年五月の第十一号の「図書資料受入報告」で、保昌正夫は、毎号、品川力からの寄贈の話を出しているが、「やはり文学館へ本が集まってくるのは、品川さんのような尽力が原動力になっていることをおもうと、まず初めに挙げたくなる」と記している。

第十四号（一九七〇年十一月）には、同じく保昌が、次のように書く。

「品川さんの持ってきてくれる本には一冊、一冊に親しい手ざわりのようなものがある。（略）館にきてブックトラックに並べられた品川さんからの本をみてると、とにかくちょっと古本屋らしい古本屋の一角にいるような気持になる。掘り出しものが出てきそうな感じもする」

文学館と古本屋は異なるものだと思う人は多いかもしれないが、少なくとも日本近代文学館には、古本の「親しい手ざわりのようなもの」を感じるセンスを持つ人たちが関わっていたのだと思うと、なんだか嬉しくなる。

本郷から駒場まで、自転車でどれぐらいかかるか知らないが、品川はそうやって本を運んだ。その回数は「千二百回以上と聞いています」と、案内してくれた宮西郁実さんは話す。

そうやって寄贈された資料は約一万九千点を超える。そのなかには品川が書誌を

品川力文庫の棚

作成するために収集したポーやホイットマンの文献が含まれている。

特別資料に入っているものには、織田作之助、串田孫一らが品川に宛てた書簡がある。また、今回閲覧させてもらった『ちぎれ雲』と題する寄せ書き帖には、岡本唐貴、前田河広一郎、吉野秀雄らの名前が見つかった。

品川は八十三歳で自転車がこげなくなるまで、文学館通いを続けた。寡黙な品川は本を届けると、おいしそうにお茶を飲んで帰って行ったという。その後は、館員がペリカン書房まで本を受け取りに行った（『本の配達人』）。

品川がこの世を去ったのは二〇〇六年、百二歳だった。日本近代文学館とは準備段階から四十年に及ぶ付き合いだった。

古本の埃と汗――〈山王書房〉関口良雄

時代やの菰池佐一郎、ペリカン書房の品川力に並んで、同館の恩人ともいえる古書店主が、〈山王書房〉の関口良雄だ。

関口は一九一八年（大正七）長野県飯田市生まれ。一九五三年、大田区で山王書房を開店。私小説作家を愛し、『上林暁文学書目』『尾崎一雄文学書目』を自費で刊行する。没後に出た随筆集『昔日の客』（三茶書房）は、二〇一〇年に夏葉社から復刊され、若い世代にも読まれている。

関口は一九六三年の「近代文学史展」を見に行った際、上林暁の本が一冊しかなかったという不満を、理事の小田切進にぶつける。その翌日もう一度行くと、第一創作集『薔薇盗人』をはじめ、「目のさめる様な最高の美本」が並べられていた。

翌年、関口は池袋にあった館の事務局に、上林と尾崎一雄の著書を持参したと、『日本近代文学館』の地下室にて」で書いている（『昔日の客』）。このとき寄贈されたのは、上林が四十五冊、尾崎が四十七冊だった。

同館の図書館委員会の若手である紅野敏郎と保昌正夫が古本を買い出しに廻る際、山王書房を訪れた。

「予算が限られていたので、安くて、筋のいい本、ということになると、足はおのずと山王書房に向った。棚から幾冊か選びつつおしゃべり、梱包を終ったところでまたおしゃべり。私たちはそこで半日を費し、楽しみ、意気揚々と引きあげた」（紅野敏郎「関口さん」、『関口良雄さんを憶う』三茶書房）

同じ場面を関口は次のように書く。

「私は腹の中で予算は大丈夫かなと余計な心配をした。（略）先生方の顔は古本の埃と流れ出る汗でクシャクシャになり、額からはポタリポタリと玉の汗が落ちた。積み重ねた古本の上にも落ちて染を作った。

私はこの玉の汗が、日本近代文学館の基礎を作るのだと思った」（「汗」、『日本近代文学館ニュース』第五号、一九六四年十一月、『昔日の客』）

関口良雄寄贈の『玄關風呂』

また、関口は上林暁から受け取った葉書を同館に寄贈している。特別資料に入っているその一枚を閲覧した。一九六〇年八月二十三日の日付だ。

「貴書房のことは岡本功司君より度々耳にしてゐます。その関係で昨年晩秋、室生犀星夫人の告別式に赴く途中、バスの窓より貴書房の看板を望見、なつかしい思ひが致しました。そちらの方面に赴く機会がありましたら寄せさせていただきます（略）」

このとき、まだ二人は面識がない。その後、関口は上林を訪ね、上林が病床に伏してからも励まし続ける。

書庫で再び巡り合う蔵書たち

関口は寄贈した資料以外にも、間接的に同館に寄与している。

作家の結城信一が亡くなったあと、本人の原稿や書簡とともに、結城が集めた室生犀星の著書二百十六点などを遺族が寄贈し、〈結城信一コレクション〉として整理された。

結城は犀星を敬愛し、『室生犀星全集』（新潮社）の書誌の編者も務めた。彼が犀星本を集めるにあたって頼りにしたのが、山王書房だった。

「何度も私の家に足を運んでくれ、『抒情小曲集』初版函入美本を届けにきたときは、手離すのが惜しい、といふ興奮気味の顔で、もし売ることがあれば、今とおなじ値

室生犀星の著作を集めた結城信一コレクションの棚

段で引取らせてもらひますよ、とも言つた」(「消えた来世の古本屋」、『関口良雄さんを憶う』)

結城と関口について、保昌正夫は、関口良雄文庫が先に入っていることから、「結城さんの犀星コレクションが館に納められたことで、この二人は館の書庫で「久かつを叙し」ているかもしれない。これも因縁というものだろう」と記している(「結城信一の犀星本コレクションなど」、館報第八十九号、一九八六年一月、『暮れの本屋めぐり　保昌正夫《文学館》文集』日本近代文学館)。

上林、尾崎の本を寄贈してから十年後、関口ははじめて近代文学館を訪れる。「図書資料部の大久保という人」に案内され、地下にある上林、尾崎の棚の前に立った。「かつて私の背中におんぶされ、私の両手に手を引かれる様にして運ばれた本達よ。私はその本達に、また会ひに来ることを誓って地下室を出た」(「『日本近代文学館』の地下室にて」)

このエッセイは一九七七年六月の『人間連邦』に発表されたが、その二か月後、がんを患っていた関口は死去する。「また会いに来る」ことはかなわなかったのだ。

なお、このときに関口を案内した「大久保」は大久保乙彦のことで、日比谷図書館を経て、日本近代文学館の職員となった。専門図書館である同館の特徴を生かす分類方法を提案したひとりであったという(紅野敏郎「『館』の歴史のなかで」、『追悼・大久保乙彦』)。大久保は一九八九年に、文学館からの帰途、交通事故に遭って亡くなった。

同館の館報をめくっていると、理事や寄贈者の追悼記事が多く目につく。開設準備から同館に関わりつづけた保昌正夫は二〇〇二年、紅野敏郎は二〇一〇年に亡くなる。

そうやって関わった人は消えていっても、同館の書庫のなかでは、さまざまな人たちが残した本や雑誌が再会している。そのことが奇跡のように思える。

開館から五十五年。日本近代文学館は数々の図書・雑誌の複刻版や資料集を刊行し、展覧会を開催してきた。二〇一一年には公益財団法人へ移行している。また、一九九五年には同館が呼びかけて、全国文学館協議会が発足。文学館同士が協力し合う体制ができている。

今後の同館については、「増えていく資料に対する収蔵スペースの問題と、デジタル化にどう対応していくかが課題ですね」と、宮西さんは話す。

貴重な資料を収めた書庫と静謐な閲覧室がいまもこの場にあるのは、関わった多くの人たちの努力と、本と出会うことへの喜びがあったからだ。この空間をこの先も残していくためにも、積極的に同館を利用していきたい。

日本近代文学館
〒153-0041
東京都目黒区駒場４丁目3-55

おわりに

月に一度、ときには二、三度続けて、図書館の書庫に入る。最初のうちは館の方の先導に従って、順番に見ていくが、だいたいの構成が判ると、自分が見たい分野の棚へと足を速める。気づいたら、案内者よりも前に立っている。

その館にしかない稀覯本や珍本を見たい一方で、棚の隅っこに差さっているボロボロの単行本や雑誌、パンフレットにもこころ惹かれる。館の方が「なんでそんなものを」と呆れるような本を見つけては、嬉々として写真に撮る。

しゃがんだり立ったりしながら、書庫を一巡しおわると、すっかり足がしびれている。西洋古典学者の久保正彰も、「よい図書館は足がしびれる」とエッセイで書いている（「遠く近く」、岩波書店編集部『エッセイの贈りもの2』岩波書店）。

書庫内を知りつくした館員の方々へのインタビュー、資料の閲覧も含めて四、五時間。取材を終えて館を出る頃には、体力も気力も尽きている。

もちろん、それで終わりではなく、取材したメモと資料を読み込んで、その図書館の「核」を自分なりにつかみ出す作業が待っている。

本書は、そんな過程を経て「日本の古本屋メールマガジン」に連載したもののうち、十五館の記事を一冊にまとめたものだ。

全体を三部に分けた。

《地域の知を育てる》では、県立、市町村立など公共図書館の、おもに郷土資料について書いている。釧路文学館もここに入れた。

《遺された本を受け継ぐ》では、東洋文庫、国立映画アーカイブという専門図書館や、草森紳一、大宅壮一、井上ひさしといった個人の蔵書をもとにした図書館を取り上げた。

《本を未来へ》では、国立ハンセン病資料館、長島愛生園の神谷書庫、大島青松園という三つのハンセン病関連施設の図書室と、文学・出版に関する資料館を取り上げた。

成り立ちも蔵書の特徴も異なる十五館だが、通して読むと、共通する点も見えてくる。

現在の蔵書が形成される過程で、最も大きい問題は戦争をどう乗り越えたかだろう。長岡市の互尊文庫は、一九四五年（昭和二十）八月一日の空襲で全焼。職員は空襲を受けなかった村を回り、本を集め、一か月後には開館している。

宮城県図書館は、同年七月九日の空襲で蔵書の九十三パーセントを失なったが、五日目には仮事務所を設置して、図書の収集と館外貸し出しをはじめたという。

同じ年、東洋文庫の資料は宮城県に疎開された。東京に返送されたのは四年後だ。東洋文庫では蔵書の中心となったモリソン文庫が日本に到着する際、台風によって水をかぶっているので、二度の受難を乗り越えたわけだ。

また、図書館の蔵書の分類は、通常、日本十進分類法（ＮＤＣ）によるが、大宅壮一文庫、遅筆堂文庫、国立映画アーカイブなどは独自の分類を採用しており、それがその館を最大限に利用できる分類になっている。

連載媒体を意識したわけではないが、蔵書形成に古本屋が関わっている例が多いのも興味深い。日本近代文学館には、「恩人」とも呼べる三人の古本屋が関わった。反町茂雄は、故郷である長岡市立中央図書館の「反町文庫」だけでなく、一見畑違いの東京国立近代美術館フィルムセンター（現・国立映画アーカイブ）にも貢献している。

図書館の創設に民間人が関わる場合もある。宮城県図書館に納まっている「青柳文庫」は、江戸の富豪・青柳文蔵が仙台藩に献上したものだ。保科百助（五無斎）は自身が採集した鉱物標本を売った金で本を買い、信濃図書館（県立長野図書館の前身）に寄贈した。伊那創造館にも、保科が採集した鉱物標本が所蔵されている。多大な貢献をしたのにもかかわらず、彼らは当時から軽く扱われ、いまでは忘れ去られている。

ハンセン病療養所の多磨全生園では、入所者の山下道輔さんが「資料に一生かける」と決意して集めた本をもとにハンセン病図書館を開館する。しかし、その後、国立ハンセン病資料館が開館すると、自治会はハンセン病図書館を閉館してしまうのだ。

書庫の取材を通じて感じたのは、私は「本」の背後にいる「人」を見ていたいんだなということだった。資料を読んで館の歴史に関わった人たちを想起し、いま館にいて資料を守る人たちの話を聞いて共感する。

作家の島尾敏雄は、一九五八年から一九七五年まで鹿児島県図書館奄美分館長を務めた。彼は「書庫に憑かれて」というエッセイでこう書く。

「作業のあいだにたびたび私は書庫にはいるが、並べられた図書の背文字を見ていると、まだ購入されず欠けたままになっている部分が痛いほど胸にひびいてきて、軽い興奮におそわれることをくりかえしている。ふしぎなことだが、私はそれらの書物の内容のすべてを読み通したわけでもないのに、それぞれの書物はそれぞれのテーマやモチーフをつぶやき出し、それが窓のない暗い倉庫の中で交響しあい、私を包みこんで、書庫から出ることを忘れさせてしまう」

(『島尾敏雄全集』第十四巻　晶文社)

たまに書庫に入るだけの私ですら、それに似た思いを抱くのだから、本書に登場する図書館の人たちは、きっと、島尾と同じような経験をしたことがあるはずだ。

書庫はときどき、不思議ないたずらをする。

宮城県図書館の書庫で見つけた二冊は翌日、仙台の古本屋で入手できた。また、北海道音更町の草森紳一さんの膨大な蔵書のなかで、何かに導かれるように手に取った一冊が、草森さんに贈った私のミニコミだった。日本近代文学館の書庫でも似た体験をした。

本書のなかで、私は何度か「奇跡」という言葉を使っている。ふだんはどちらかと云えばシニカルな性格だが、こと本に関してはなぜかロマンチストになってしまうようだ。

なお、草森書庫の取材後、二〇二四年六月には東京・田原町の〈Readin' Writin' BOOKSTORE〉で「雑力の人　草森紳一展」を開催。評論家の平山周吉さん（草森さんの担当編集者だった文藝春秋の細井秀雄さん）と私のトークイベントも行なわれた。そのレポートを『文芸おとふけ』第五十六号に書いた。

また、新潮社については、創業者・佐藤義亮の出身地である秋田県角館の〈新潮社記念文学館〉を取材した記事を、『波』二〇二四年八月号に書いたことを付記しておく。

ただ異常な本好きというだけのライターが書庫で長時間うろつく

ことを許してくれ、その後の確認にもご協力いただいた、各館の方々に深く感謝します。

前著『古本マニア採集帖』(皓星社)につづき、連載の場を提供してくださった東京都古書籍商業協同組合の藤原栄志郎さん、山本聡さん、大場奈穂子さん、取材から単行本化まで伴走してくれた皓星社の晴山生菜さん、ありがとうございます。いつも締め切り破ってすみません。

「日本の古本屋メールマガジン」での連載「書庫拝見」は、現在も継続中。毎回、書庫の中での出会いがあります。いつの日か、本書の続編をお届けしたいと願っています。

二〇二四年十一月五日

南陀楼綾繁

ま

や

ら

わ

A~Z

索引語と本文中の言葉が必ずしも
一致しないものには*をつけました

な

は

さ

た

索引

あ

か

南陀楼綾繁（なんだろう・あやしげ）

1967年、島根県出雲市生まれ。ライター・編集者。「不忍ブックストリート」前代表。「石巻まちの本棚」の運営にも携わる。主な著書に『本好き女子のお悩み相談室』（ちくま文庫）、『蒐める人』『古本マニア採集帖』（皓星社）、『「本」とともに地域で生きる』（大正大学出版会）、編著書に『中央線小説傑作選』『中央線随筆傑作選』（中公文庫）がある。

書庫《しょこ》をあるく　アーカイブの隠《かく》れた魅力《みりょく》

二〇二四年十二月二十五日　初版第一刷発行

著　者　南陀楼綾繁
発行所　株式会社皓星社
発行者　晴山生菜
〒一〇一‐〇〇五一
東京都千代田区神田神保町三‐一〇　宝栄ビル六階
電　話　〇三‐六二七二‐九三三〇
ＦＡＸ　〇三‐六二七二‐九九二一
ウェブサイト　URL http://www.libro-koseisha.co.jp/
メール　book-order@libro-koseisha.co.jp
印刷・製本　精文堂印刷株式会社
落丁・乱丁本はお取替えいたします。
ISBN978-4-7744-0840-8